講談社選書メチエ

636

ノーベル経済学賞

天才たちから
専門家たちへ

根井雅弘［編著］

MÉTIER

はしがき

毎年十月になると今年度のノーベル賞受賞者の予想でメディアが俄かににぎやかになる。外国には、受賞者を予想する賭け事まであるくらいだから、この時期だけはふだん学問や現実世界の動向にあまり関心のない人でも、「物理学賞」「化学賞」「生理学・医学賞」「文学賞」「平和賞」は誰が受賞するのだろうか？　その中に日本人は入っているのだろうか？　とつい考えるようになる。そして、一九六九年から受賞者を出すようになった「経済学賞」も、巷では「ノーベル経済学賞」という呼び名で通るようになっている。だが、それは正式な名称ではない。

ノーベル賞には立派な公式ホームページ（http://www.nobelprize.org/）があり、過去の受賞者たちの十分な情報が提供されているので、とても便利である。経済学賞は、そもそも、ノーベルの遺言にはなかった賞なのに、いつの間に、ノーベル賞に入ったのだろうか。そのような素朴な疑問がわくだろう。もっともなことである。そのヒントは、経済学賞の正式名称（The Sveriges Riksbank Prize in Economic Sciences in Memory of Alfred Nobel）にある。Sveriges Riksbank とは、スウェーデンの中央銀行の意味であり、素直に訳せば、「アルフレッド・ノーベル記念スウェーデン国立銀行経済学賞」となる。なぜスウェーデン国立銀行の名前が入っているかといえば、その銀行が、一九六八年、創立三百年を迎えたとき、ノーベル財団に働きかけて、ノーベル賞に経済学賞を加えたからである。

いま、私は「加えた」という表現を使ったが、これも正確ではない。経済学賞はあくまで「アルフレッド・ノーベル記念スウェーデン国立銀行経済学賞」なのだが、他の賞に倣って、スウェーデンの王立科学アカデミーが受賞者の選考に当たっているので、ノーベル経済学賞のように見えるに過ぎない。この点は、ノーベル財団もさすがに気になったのか、経済学賞の選考プロセスの説明の中で、Not a Nobel Prize という項目を立てて注意を喚起している。[1] それを裏づけるかのように、かつてノーベル財団を取材した朝日新聞の杉本潔記者は、専務理事から「経済学賞はノーベル賞ではありません。ノーベルの遺言にはない、記念の賞です」という言質を引き出している。[2]

そのような事情なので、ノーベルの遺族のなかには、経済学賞に「ノーベル」の名前を冠することに極めて批判的な者もいる。その一人は、経済学賞は、事実上、"a PR coup by economists to improve their reputation" となっていると非難しているらしい。[3] わかりやすく言えば、経済学者の宣伝活動が奏功して自らの名声を高めるための賞にしてしまったというわけだ。その他、前にも紹介したように、経済学賞は、その受賞者たちの大半が「西側の価値観の持ち主」であり、「全人類への多大な貢献者」というもともとのノーベル賞の趣旨にそぐわないとも批判されている。[4]

ノーベル経済学賞(以下では、煩雑さを避けるために、この俗称を用いる)が、左翼系や異端派の経済学者たちを排除しているという意味で「偏向」しているとの批判は前からあったが、具体的には、本文で触れられるだろうから、ここでは繰り返さない。だが、「政治」に関係することで最近の日本で見逃せない出来事があったので、少し触れておく。

　ジョセフ・E・スティグリッツ（コロンビア大学教授）とポール・R・クルーグマン（ニューヨーク市立大学大学院教授）といえば、ノーベル経済学賞の受賞者で、アメリカのリベラル派に属する著名な経済学者だが、この二人は安倍政権誕生の頃からアベノミクスに理解を示し、やっと日本は正しい方向に向かい出したと論評していた。政権側にとっては都合のよい「お墨付き」をもらったようなもので、ことあるごとに、ノーベル経済学賞を受賞した経済学者もアベノミクスを支持していると宣伝していた。アベノミクスのその後についての論評は控えるが、今年の三月、この二人の権威が再び「政治利用」されかねない機会があった。

　例えば、朝日新聞（二〇一六年三月十六日付夕刊）の報道によれば、「政府は16日、世界経済について有識者と意見交換する『国際金融経済分析会合』の初会合を首相官邸で開いた。講師役のノーベル経済学賞受賞者、ジョセフ・スティグリッツ米コロンビア大教授は会合で、『消費税は総需要を増加させるものではないので、引き上げるのは今のタイミングは適切ではない』と述べ、２０１７年４月の消費税率10％への引き上げを延期すべきだという考えを示した」という。また、また同じ朝日新聞（二〇一六年三月二十三日付朝刊）の報道によれば、「安倍晋三首相は22日、３回目の国際金融経済分析会合を開き、ノーベル経済学賞受賞者のポール・クルーグマン米ニューヨーク市立大教授と世界経済の情勢について意見を交わした。教授はかつて首相に消費増税の延期を進言したことで知られ、この日も２０１７年４月に予定する消費税率10％への引き上げの先送りを進言した」という。
安倍首相が二人の世界的な学者の進言に従って、消費増税の延期を決断するのかどうか、世間の耳目を集めていたが、朝日新聞（二〇一六年六月二日付朝刊）の記事によれば、「安倍晋三首相は１日、国会会期末を受けて首相官邸で記者会見し、来年４月に予定していた消費税率10％への引き上げを２０１９年10月まで２年半再延期することを正式に表明した」という。今度も、以前に「国際金融経済分析会合」という耳慣れないもののアカデミックな響きのある会合の場で、スティグリッツとクルーグマンがともに消費増税の延期を進言してくれた事実は、政権側には、やはり大いに政治利用する価値がある「お墨付き」となるだろう。なにしろ「ノーベル賞」の権威があるのだから。

だが、経済学を多少とも学んだことのあるひとなら、経済論壇には価値観や政治的スタンスの違いに応じて多様な政策提言があり得ること、しかもその提言を正当化するような理論もひとつではないことなどをすでに知っているだろう。経済学は、残念ながら、ノーベル経済学賞の受賞者がこう言ったからこれが正しい、といえるほど成熟した学問ではない。本書を読みながら、読者は、過去の政策論争において同じノーベル経済学賞の受賞者たちが相対立する政策を提言してきた歴史を知ることになるだろう。

もちろん、誤解を招かないように付言するが、だからといって、経済学が「科学」として少しも進歩してこなかったというのが本意ではない。例えば、マクロ経済学の分野では、ポール・Ａ・サミュエルソンが活躍していた新古典派総合の時代から、ケインジアンとマネタリストの間の対立を経てロバート・E・ルーカスが主導する「新しい古典派」の時代に至るまで、期待をどのようにモデルに組み込むべきか、ミクロ的基礎をどのように構築すべきか等々の問題に関して、理論的立場の差異を超えて、五十年前よりは大きな進歩があったといってよいだろう。ミクロ経済学の分野でも、一般均衡理論の精緻化から出発した戦後の経済学が、「合理的経済人」モデル一辺倒とは袂《たもと》を分かち、「限定合理性」をどのようにモデルに組み込むべきか、「制度」をゲーム論的に考えればどうなるのか等々の問題に関して、やはり五十年前よりは大きく前進している。

もしそのような「進歩」と無縁に現代経済学史が書かれるならば、それはひとつの「偏向」した歴史になってしまうだろう。経済学史家に求められるのは、多様な理論や思想に幅広く通じ、それらを相対化するだけの度量を持つことではないだろうか。本書全体を通読して、読者も同じような感想を持ってくれるならば、編者としては望外の幸せである。

二〇一六年六月三日

根井雅弘

目次

第一章　百家争鳴のパイオニアたち　1969～1979

廣瀬弘毅

1　もっとも幸福な時代

「一九六九年」というタイミング

はしがきにもあるように、紆余曲折がありながらも、ノーベル経済学賞が誕生してから、すでに四十年以上が経過した。経済学賞には、他の賞と同じような問題があるだろうし、経済学賞に特有の問題もあるだろう。例えば、経済学は相対立する考え方が、併存することが多い。もちろん、他の学問分野でも学説間の対立はあるだろうが、経済学の場合、単に一定期間併存するというだけではなく、一度はその考え方が廃れても、後世になって再び脚光を浴びることもあるのである。それゆえ、経済学賞では同時に両立し得ない考え方の主唱者が受賞することもあるし、またその本人自身が宗旨替えをしてから受賞することだってあり得るのである。

だが、このことはいささかやっかいな問題を提起する。「科学」的業績に与えられる賞は、社会科学の中では経済学賞のみである。ノーベル経済学賞は、英語ではThe Sveriges Riksbank Prize in Economic Sciences in Memory of Alfred Nobelと表記され、いわば「経済科学」という具合に「科学」を強調している。また、ノーベル経済学賞の選考委員長を務めたA・リンドベックは、経済学賞においても、選考は「自然科学の他の分野と同じ原則に従って」おり、「賞は純粋に科学的な褒賞である」(Prize is a purely scientific award.)と明言している。[1]人類に多大な貢献をもたらし、経済学の分野の進歩をもたらした業績を、客観的に判断できることが建前になっているのだ。だが、そうだとすれば、なぜ相容れない主張をする学者が、受賞することになるのだろうか？

周知の通り、今日で言う経済学は、もともとは"political economy"（政治経済学）と表記され、それは"moral science"（道徳哲学あるいは道徳科学）の一分野として扱われてきており、自然科学と同じような学問とは考えられていなかった。だが、十九世紀の終わり頃になって、レオン・ワルラス、ウィリアム・スタンリー・ジェヴォンズ、カール・メンガーの俗に言う限界革命トリオが、経済理論に限界原理という新たなツールを持ち込んだことが一つのきっかけとなったのであろう。それを新古典派経済学の巨人アルフレッド・マーシャルが体系化するに及んで、それまでの政治経済学から、経済の科学としての"economics"に脱皮することができたのである。

以後、二十世紀の初め頃から、ミクロ経済学に於いては、フランシス・エッジワースやヴィルフレド・パレートらの個々の業績が一つずつ積み重ねられ、今日的な経済理論が形作られていった。マクロ経済学においては、文字通りエポックメイキングなジョン・M・ケインズの『雇用・利子および貨幣の一般理論』が一九三六年に出版され、「マクロ経済学」という分野を誕生させることになった。それに、ロイ・ハロッドらによる動学化《どうがく》、サイモン・クズネッツらの実証研究、ポール・サミュエルソンによる教科書化が加わり、「マクロ経済学」が市民権を得ることになった。それだけではない。一九三〇年代には経済分析から価値判断を分離するという新厚生経済学の方向性をライオネル・ロビンズらが示すことで、経済学は「科学」としての体裁を急速に整えていったのである。つまり、経済学の歴史自体は決して短くはないものの、「科学」としての体裁を取ってからの歴史は、それほど長

1975	レオニード・V・カントロヴィッチ *Leonid V. Kantorovich* *1912-1986* チャリング・C・クープマンス *Tjalling C. Koopmans* *1910-1985*	資源の最適配分理論への貢献
1976	ミルトン・フリードマン *Milton Friedman* *1912-2006*	消費分析、貨幣史及び貨幣理論における成果と安定化政策の複雑性を明らかにしたこと
1977	ベルティル・G・オリーン *Bertil G. Ohlin* *1899-1979* ジェームズ・E・ミード *James E. Meade* *1907-1995*	国際貿易と国際資本移動の理論における画期的貢献
1978	ハーバート・A・サイモン *Herbert A. Simon* *1916-2001*	経済組織内での意思決定過程における先駆的な研究
1979	セオドア・W・シュルツ *Theodore W. Schultz* *1902-1998* W・アーサー・ルイス *William Arthur Lewis* *1915-1991*	途上国問題特有の考察を伴った経済発展研究における先駆的業績

ノーベル経済学賞受賞者　1969～1979

年	受賞者・生没年	授賞理由
1969	ラグナル・A・K・フリッシュ *Ragnar A. K. Frisch* *1895-1973* ヤン・ティンバーゲン *Jan Tinbergen* *1903-1994*	経済過程の動学的分析モデルの発展と適用
1970	ポール・A・サミュエルソン *Paul A. Samuelson* *1915-2009*	静学的及び動学的経済理論を発展させ、経済学の分析水準を引き上げてきた功績
1971	サイモン・S・クズネッツ *Simon S. Kuznets* *1901-1985*	経済及び社会構造や発展の過程に、新しくも深い洞察をもたらしてきた、経済成長に対する実証的な成長に対する見方を作り出したこと
1972	ジョン・R・ヒックス *John R. Hicks* *1904-1989* ケネス・J・アロー *Kenneth J. Arrow* *1921-*	一般均衡理論と厚生理論への先駆的貢献
1973	ワシリー・レオンチェフ *Wassily Leontief* *1906-1999*	投入－産出分析の発展と重要な経済問題に対するその応用
1974	K・グンナー・ミュルダール *Karl Gunner Myrdal* *1898-1987* フリードリッヒ・A・ハイエク *Friedrich A. von Hayek* *1899-1992*	貨幣及び経済変動に対する先駆的業績及び経済、社会、制度現象の相互依存性に対する鋭い分析

いとは言えないのである。

そう考えてみると、ノーベル経済学賞が創設された一九六九年というタイミングは、ある意味で絶妙であった。なぜなら、一九六〇年代までの時期は「科学」としての経済学が誕生してまだ日が浅い分、熱気がこもっていて、フロンティア・スピリットに駆られたたくさんの学者が、新たな分野の開拓にいそしんでいたからである。マクロ経済学においては、ケインズ経済学の順当な動学化だけではなく、マクロ生産関数から出発する新古典派成長理論も花開いていた。また、ミクロ経済学においても、現代一般均衡理論もますます精緻化が進み、その可能性と限界について議論が戦わされていた。

他方、消費関数論争などの理論の実証の動きも盛んで、科学としての経済学の権威は高まったので、経済学者がもっとも自信を持っていた時代でもあった。乱暴を承知で言えば、経済学のほぼ全ての分野の探索は、この時期には取りかかられていたとさえ言えるのである。それでいて、多様な地域で多様な学派が競い合っていた時代でもあった。この時期はマルクス経済学のみならず、イタリア人の経済学者ピエロ・スラッファの着想を拡張した「客観的価値論」の立場や、時間的な非可逆性などの重要性を主張したジョーン・ロビンソンら、イギリス・ケインジアンも健在で、まさに「百家争鳴」の時代であり、活気があふれていたのである。

「歴史にもしもはない」とは言い古された言葉ではあるが、ここではその禁を犯し「もしもノーベル経済学賞が十年早く始まっていたら」を考えてみよう。おそらく、対立し合っていた様々な学派の領袖が、受賞者になったのではないだろうか。今日では異端とされる、ロビンソンだけではなく、ニコラス・カルドア、ルイジ・パシネッティやジョン・ケネス・ガルブレイスさえも候補として挙がったかもしれない。そして、スタート時点でそういった学派の多様性が明確に容認されていれば、今日のように新古典派の圧倒的優位な状況にはならなかったかもしれない。

しかし、現実には、一九七三年のオイルショックに始まる経済的な混乱が、市場メカニズムの優位性を説く新古典派経済理論へとますます収斂《しゅうれん》させていくことになる。従って、後の時代になるほど、ノーベル経済学賞の受賞者が市場主義者に偏るのも、仕方がない。それでも、最初期の受賞者は、熱気さめやらぬ中、多様な顔ぶれが揃っていた。

経済学特有の問題

一九六九年から一九七九年までの最初期は、「相対立する考え方が併存する」という経済学特有の問題を反映した受賞者が見られる。例えば、その典型例として、一九七四年のミュルダールとハイエクの受賞がある。彼らは、「貨幣及び経済変動に対する先駆的業績及び経済、社会、制度現象の相互依存性に対する鋭い分析」という同じ業績で受賞しておきながら、主張する内容は正反対と言っても構わないのである。確かに授賞理由の前半の貨幣及び経済変動に対する業績についてはともかく、彼らを有名にした経済、社会、制度現象の相互依存性に関する研究では対立する結論に至っているのだ。ミュルダールは国家が経済の安定的な運行はもちろん人々の暮らしにまで責任を持つべきであるという福祉国家論の最も強力なイデオローグの一人であるが、他方のハイエクは個人の自由の価値を一番高い位置に置き、国家の干渉を極力小さくすべきであるという自由主義の泰斗なのである。一方が正しければ、他方は立たないはずであるのに、両者が同じ年に受賞しているのである。これには、いろいろ伝説めいた話が残されている。ミュルダールがあまりに福祉国家主義で左翼に偏りすぎているので、バランスを持たせるためにハイエクも同時受賞させた等々である。

本当にそうなのだとしたら、あまりに政治的に生臭い話となるので、少々幻滅するところであるが、彼らを同時受賞させたということ自体、審査委員会をして経済学が対立をはらんでいるものだという事実を広く認めたとも言える。それはそれで経済学の特徴をよく表しているように思えるのである。

また、ハイエクはケインズ経済学が席巻するまでの時代は、大陸系の景気循環理論の中心人物として、よく知られていたが、それは第二次世界大戦前のずいぶん昔のことである。しかも、戦後になって彼は専門領域を、経済変動論から法律や政治などに移したこともあり、一部の自由主義者の間を除けば、「忘れられた」存在になりつつあった。だが、オイルショックをはじめとして一九七〇年代前半の経済的混乱は、彼の名を思い出させることになった。さらに、その後一九七九年にイギリスで誕生したマーガレット・サッチャー首相が愛読書というまでに影響力を回復させることだってあるのである。このように経済学賞にまつわる難点は、ノーベル経済学賞がはじまって六回目の受賞者選考の段階で、すでに明確に出てきているのである。

「誰から」授ければ良いのか

ところで、こういった「けち」を付けようと思えばいくらでも付けられるにせよ、それでもミュルダールとハイエクがノーベル経済学賞を受賞するに値するかどうかと言えば、多くの人が肯定的に答えるのではないだろうか[2]？

実は、この一九六九年からの十一年間は、ノーベル経済学賞にとってももっとも幸福な輝ける時代であったのかもしれない。というのも、経済学賞のスタートが他分野よりも遅かった分、賞に値する経済学者がウェイティングリスト上にたくさん載っていたのである。それゆえ、この時期の受賞者には、業績上文句が付けにくいのである。恐らく、選考委員会も「誰に授ければ良いのか」というよりも「誰から授ければ良いのか」に頭を悩ます部分が多かったのだろう。それだけに、栄えある第一回の受賞者に誰を選ぶべきか、迷ったに違いない。結果として、ヨーロッパの非英語圏出身の経済学者、ノルウェーのラグナル・フリッシュとオランダのヤン・ティンバーゲンに与えられた。第二回目の受賞者はアメリカのサミュエルソンであるが、なぜ彼が第一回目でなかったのかを問うのは野暮かも知れない[3]。

我々は、この間の受賞者を全員ではないが、一部を次のように分類することができよう。

（1）今日の経済学発展の礎を築いた者
（2）今日の経済活動を観察したり政策的に介入したりするために必要な観察ツールを作り上げた者
（3）今日でも続く経済思想に大きな影響を与えた者

である。

（1）に分類されるのは、サミュエルソン、ヒックス、アロー、カントロヴィッチ、クープマンス、オリーンである。例えば、今日我々が教科書で目にする様々な定理や、定式化を彼らは成し遂げている。ミクロ経済学の教科書をひもとけば、「純粋公共財」の定義が誰が生み出したのかも書かれずに——従ってサミュエルソン個人の主張ではなくすでに周知の事実として——載っているのが通例である。今日では、やや興味関心が薄れているが、一般均衡理論を精緻化したヒックスとアローだが、他方でヒックス中立的技術進歩やアローの一般(不)可能性定理も、上級の教科書には必須事項だろう。経済成長論のモデルも、カントロヴィッチやクープマンスのものが定式化されており、標準的貿易理論として学ばれるのはヘクシャー＝オリーン定理である。今日、さまざまな経済理論が発展しているが、それらは以上の先人が築き上げた土台の上にある。今日の行動経済学を考えると、限定合理性を分析したハーバート・サイモンを付け加えることもできるかもしれない。

(2)に分類されるのは、クズネッツやレオンチェフである。マクロ経済学でどれほど意見が異なろうと、クズネッツが苦労して推計を始めたGDPが測定されなければ、論争にもならない。その意味では、理論から中立的なツールを開発したのだと言える。同じく、レオンチェフの投入—産出分析も同じである。それによって、経済の波及を予測することができるのである。彼らの作り出したツールは、今日では必要不可欠なものとなっている。

また、今日でも相変わらず計量経済モデルが利用されているが、これらの基礎を作ったのが、ティンバーゲンやフリッシュである。一九七〇年代以降の新しい古典派経済学の流行で、批判を受けることも多くなったが、一方で実際の政策現場ではまだまだ使われているのである。

(3)に分類されるのは、ハイエクやフリードマンが筆頭にあげられよう。彼ら二人はいうまでもなく新自由主義あるいはリバタリアニズムの中心的人物であった。彼らの思想は、ハイエクの場合はかつてのトクヴィルにまで遡るほど古く、他方フリードマンは従来は思いつきもしなかったような場、例えば公教育にまで「選択の自由」を導入させるという意味で新しい。つまり、ハイエクはリバイバルとして受賞したのであり、フリードマンは新機軸を生み出す人物として受賞したことになる。だが、思想である以上反対の立場もあり得る。いや、彼らこそが戦後に多くの先進国に定着した「福祉国家」思想に反対の立場であったのである。如何に影響力があろうとも、そういった「微妙な」問題に関わる功績を理由に、人類の発展に寄与した者に与えられるノーベル賞がふさわしいであろうか？よく見るとハイエクの授賞理由には、自由主義思想が入っていない。フリードマンもしかりである。それだけではない。それ以降の受賞者でフリードマンに近い「自由主義」者は何人かいるが、「思想」を理由に受賞した経済学者はいないのである。あくまでも、「科学」としての経済学の発展に寄与した者にだけ栄誉が与えられるのである。だとすれば、この（3）のような分類は、不適切ではないだろうか？　そうかもしれない。しかし、ノーベル経済学賞が「一つの権威」として、受賞者の発言権を高め、発言内容に重みを持たせるように作用したのだとしたら、さらに、そのことが直接的な授賞理由にはなくとも、その信条を社会に広めることに役立ったのだとしたら、やはりこの区分はそれほど無意味なものではないだろう。フリードマン自身が次のように言う。「受賞の発表が、受賞者をさまざまな分野すべてのにわか専門家に変えてしまい……風邪の直し方からJ・F・ケネディのサイン入り手紙の市場価値まで、ありとあらゆる質問を受けました」[4]と。これが、自然系の分野であればともかく社会科学ともなればなおのことその傾向が強くなるに違いない。

　ノーベル経済学賞を考えるとき、あるいはノーベル経済学賞の受賞者について考えるとき、その個人に注目することはもちろん大事であるが、良きにつけ悪しきにつけ賞そのものの影響力についても、しっかりと見据える必要があろう。

以下では、三つの分野について、現在の経済学に与えている影響を受賞者の業績と関わらせながら、見ていこう。

2　発展の礎

サミュエルソン（一九七〇）

「教科書」を生んだ

あなたが、経済学部系の学生あるいは卒業生だとして、今あるいは学部学生時代にはどのように経済理論を学んだであろうか？　ある一定の年齢層から上であれば、いわゆる「教科書」ではなく、マルクスの『資本論』やマーシャルの『経済学原理』など原書で学んだ人もいるだろうが、三十年ほど前からは日本の大学でも、標準的な「教科書」を用いたカリキュラムが増えだした。それも、入門用の『経済学入門』や専門課程に入って『ミクロ経済学』『マクロ経済学』という具合にシステマティックに学んでいく。その内容も、ミクロであれば個人の無差別曲線から入って、主体的均衡を学ぶことになるし、マクロであれば、まずはケインズ経済学の乗数理論、そしてほぼ例外なく四十五度線の図を使って均衡GDPを求めるのが定番だ。だが、一九四〇年代まではそういった「教科書」は存在していなかった。それどころか、教科書用に標準化された理論モデルもなかったのである。ところが、アメリカを代表するポール・A・サミュエルソンは、そういった状況を劇的に変えることに成功した。一九四八年にその名もずばり『経済学』というタイトルの教科書を出版した。そして、その本こそが現在まで十九も版を重ね続けることになる「経済学教育の標準的教科書」のひな形となったのだ。経済学には、もちろん対立する考え方が存在するが、そんな難しいことはさておいて、まずは標準的な内容を、初学者が学べるように作られていたのだ。「教科書」だからと言って、侮るなかれ、他の考え方は、この標準との距離で測られる。それに、経済学という学問を修めた度合いも標準的な理論の理解度で測ることもできる。それは、とりもなおさず全国的いや全世界的に経済学の標準化をもたらすことになったのである。[5]

その著者のサミュエルソンは、どのような遍歴をたどって経済学者になったのであろうか？　サミュエルソンは、一九一五年五月十五日にアメリカはインディアナ州ゲーリーに生まれた。彼は早い時分からその才能の片鱗を見せていたようで、一九三二年には早くも十六歳でシカゴ大学に入学できたのである。そして、四年後、次の奨学金を得たサミュエルソンは、別の大学院に移ることになった。コロンビア大学かそれともハーバード大学か迷った末に、彼はハーバード大学の大学院に進学することを決めた。当時の世界的な状況は、まさに一九二九年恐慌の後の長い不況のさなかであり、次の章でも詳述されるように、当時の経済学を目指す者に大きな影響を刻みこんだに違いない。そして、歴史の偶然は面白いもので、ハーバードの大学院には、やはり後にノーベル経済学賞を取ることになるジェームズ・トービンやロバート・ソローらが在籍していたのである。彼らは大学院生として互いに知的な影響を及ぼし合ったに違いない。しかし、彼が学んだ状況はそれ以外にも大きな特徴を有していたのである。アメリカでは不況脱出を巡って、さまざまな学者の議論百出の状況であった。ハーバード大学では、一九三六年に発行されたケインズの『一般理論』が早くも持ち込まれ、サミュエルソンを含む大学院生の間で読まれていた。さらに、保守的なハーバード大学にあって、ミネソタ大学から移ってきたアルヴィン・H・ハンセンが反ケインズからケインズ主義者に転向して、ケインズ経済学を教え始めていたのである。その講義は、学生だけではなく、ワシントンの官僚までも聴きに来るようになったという。当時のハーバード大学はまさにアメリカのケインジアンの最初の拠点となったのである。ハーバード大学には、ケインジアン以外にもヨーゼフ・シュンペーターや後にノーベル経済学賞を受賞することになるレオンチェフも在籍していた。何という恵まれた環境であろうか。

サミュエルソンは、シカゴ大学で自由主義を学び、ハーバード大学でその反対のケインズ経済学を学ぶという経験をした。そして、今度は彼自らがアメリカ・ケインジアンの中心人物として、その後活躍していくのである。

サミュエルソンは経済学に「教科書教育」を持ち込んだが、専門領域においても、数々の足跡を残している。

多才すぎて

サミュエルソンは非常に多才な人物で、数々の領域で業績を上げたのである。例えば、選択理論における顕示選好《けんじせんこう》、一般均衡理論のひな形の案出、純粋公共財の定義、貿易理論におけるヘクシャー＝オリーン＝サミュエルソン定理……数え上げたら切りがないほどである。ある意味で多才すぎて、サミュエルソンは「〜の人」であるという特徴付けができないほどである。事実、サミュエルソンが第二回目のノーベル経済学賞に輝いたとき、その授賞理由は「静学的《せいがく》及び動学的《どうがく》経済理論を発展させ、経済学の分析水準を引き上げてきた功績」という何でも当てはまるような表現となっている。だが、一般的には前者が直接的な彼の功績だろうが、後者の影響こそ今なお強いのではないだろうか？　サミュエルソンは、一九三七年にハーバード大学のジュニア・フェローに選ばれたが、そのときに経済分析に数学的なツールを導入するべく研究に打ち込んだ。その成果が戦争のために出版が一九四七年にまで遅れてしまった『経済分析の基礎』（以下『基礎』）である。同書は、ある意味で驚きだが、今読み返してみたときに、違和感をほとんど感じさせない。解くべき課題を数学モデルで論理的に記述し、解析していくそのアプローチは、現代のそれと何ら変わりはないのである。いや、正確に言えば、現代の経済学の専門論文のスタイルを作ったのは、まさにサミュエルソンの『基礎』だと言っても過言ではないのである。そしてサミュエルソンはそれを意識的に行ったのである。そして、同書は古典の資格を得たのである。ここに彼の自信を裏打ちする言葉がある。『基礎』の日本語版序文の中で、「一九四七年から一九八三年まで『基礎』は本質的に改訂されることなく、多数の刷や翻訳を重ねてきた。いくつかのミスプリントと一、二の明らかな誤りが除かれただけであった。新版を起こさないという決定は、いささか議論の余地のある決定であった。たしかに本書は最大のインパクトを与えるのに好適なタイミングを以て世に出て、早い時期に古典の神秘性のいくばくかを帯びることになった」「この本の第一版には後の研究・発展のための問題がたくさん含まれていた」と言っているのである。ここまで大口をたたかれても、反論することはできない。なぜならそれは事実だからだ。実際、サミュエルソンの『基礎』を嚆矢《こうし》として、その後の華々しい数理経済学が切り開かれていったのである。つまり、サミュエルソンは『基礎』をもって、その後の経済学の発展の様式を確定したと言っても良いだろう。

サミュエルソン自身が『基礎』の日本語版序文の中で引用しているスティグラー（これまたノーベル経済学賞の受賞者！）の書評の言葉を紹介しておこう。「（『基礎』で）名声を得られたサミュエルソン教授は、（『経済学』では）富を求めようとしておられる」。そして、その通りになったのであった。

サミュエルソンは、その後一九四〇年にマサチューセッツ工科大学（ＭＩＴ）に移り准教授、一九四七年には教授に就任するという順調なキャリアを積むことになった。さらに、『ニューズウィーク』誌のコラムニストもフリードマンとともに務め、一般の人に向けてもそのウィットの効いた論説を書いたりもした。サミュエルソンの考えは、『経済学』で表明した「新古典派総合」にあるとおり、完全雇用を達成するまでは「ケインズ経済学」による政策手段を用い、それ以降は古典派経済学の教えるとおり、市場に任せるというものである。このように、政府の役割を一定程度認めているわけであり、実際に一九六〇年代には大統領経済諮問《しもん》委員会（ＣＥＡ）を中心として、ケインジアンが大きな力を持った時期でもあった。だが、Ｗ・ヘラーやＪ・トービンらがそれに加わって直接大統領にアドバイスをしたのに対して、サミュエルソンは彼ら経済学のスタッフに間接的に影響を与えることで満足していたようである。

ヒックスとアロー（一九七二）

サミュエルソンとの共通の見解

ところで、サミュエルソンは、突如預言者のごとく、神の託宣を地上に広めたと言うのであろうか？　そうではない。サミュエルソン自身が認めるように「私の分析はヒックス教授の名著『価値と資本』で取り扱われている題材と平行している点で共通の見解を見いだし、確信を深めた」のである。そう、サミュエルソンに遅れること二年、一九七二年の第四回目は「一般均衡理論と厚生理論への先駆的貢献」という授賞理由で、イギリス人のジョン・ヒックスとアメリカ人のケネス・アローが受け取っている。

では、ヒックスはサミュエルソンの言うとおり、本当に共通の見解を持っていたのであろうか？　それを検討する前に、ヒックスとアローの授賞理由となった一般均衡理論がどんな理論なのか確認しておきたい。もともとは、フランス人のレオン・ワルラスが『純粋経済学要論』（一八七四年〜七七年）の中で始めた分析であり、全ての市場の需給が同時に一致するような均衡を分析するものである。確かに、この社会の中には、それこそ無数の消費者と無数の企業があり、それぞれが一定の制約の下、目的関数を最大化するよう行動している。彼らは、必ずしも誰かの指令を受けているわけではなく、市場での取引を通じて、彼らの行動を実現していっている。そういった行動全てを調和できるような状態（価格と数量の組み合わせ）が果たして存在するのだろうか？　そして仮に存在するとして、果たしてそれは市場メカニズムに任せておいて実現するのであろうか？　これらはなかなか難しい問題である。

こういった課題に、スウェーデン人のクヌート・ヴィクセルやイタリア人のヴィルフレード・パレートらが挑んでいたが、まだまだ周辺的でしかなかった。また、当時の一般均衡理論は静学的で資本蓄積の問題や何よりも景気循環の問題が取り扱えなかった。そこで、ヒックスは当時の正統派マーシャルの方法を一般均衡理論の枠組みに持ち込むことを考えたのである。マーシャルは、短期と長期という具合に期間を分けて分析する方法を採用していた。そこで、この方法を一般均衡理論に応用することにしたのだ。

このアプローチにおけるヒックスの主著が一九三九年に出た『価値と資本』である。同書では、第一部で消費について分析を深める。ここでは、今日で言うところのスルツキー分解すなわち価格変化による需要量の変化を、代替効果と所得効果に分けることが示された。次いで、第二部でまず静学的な一般均衡体系を分析する。次の第三部でいよいよ動学化にとりかかることになる。ところで、静学と動学とはどう違うのであろうか？　実際の経済活動を思い浮かべればよいが、生産過程では中間投入があり、それを加工して最終製品にする。ところが、時間を意識するのであれば、中間投入財を作るのにも時間がかかるし、それを最終製品に加工するのにも時間がかかる。となれば、それぞれの財について日付を意識しなければならない。最終製品が完成する前には、中間財ができあがっていなければならないのである。このように、経済活動は時間から切り離されて、一気にすべての取引が行われるようなものではないのである。だが、これを一般均衡体系に取り込むのは簡単ではない。

「週」という概念装置

そこで、ヒックスは「週」という概念装置を持ち込んだのだ。人々は週の最初の日である月曜日に市場で財の取引を行う。従って、この日の需給関係を反映して価格は決まるであろう。そして、その週の間は価格を変更しないものとするのである。もちろん、週の間には月曜日の想定と異なる事態が発生するかもしれない。そうすると、それは次の週の月曜日の取引に反映されるのである。このようにして、「週」と「週」をつなぐことで、経済の与件《よけん》の変化や資本の蓄積など、状況変化を追っていくことができる。言い換えると、週の中では静学的な枠組みが、週と週とのつながりの分析で動学的な枠組みを実現するのである。

ここで、先のサミュエルソンと比較してみよう。サミュエルソンは、別のアプローチを取っている。超過需要関数に対する価格の反応を差分方程式で表すことで、その解の振る舞いを見ていくようにしたのである。数学的にはむしろサミュエルソンのアプローチの方がエレガントであるし、扱いやすくもある。

では、ヒックスもサミュエルソンも同じものを追求し、そして数学的には少しばかりエレガントなサミュエルソンが勝ったのだろうか？[6]　話はそう簡単ではない。ヒックスは、一九〇四年四月八日にイギリスのウォーリックで生を受けた。その後、一九二二年にオックスフォード大学ベリオール・カレッジに進み、まずは数学を学ぶことにしたが、入学後に哲学・政治学及び経済学に専攻を変えてしまった。その後、幸いにも経済学者の職をロンドン・スクール・オブ・エコノミクス（ＬＳＥ）に得ることができ、労働問題の研究を始めたのである。そこで、最初に出したのが『賃金の理論』（一九三二年）であった。だが、この時期にLSEに在籍したことは、彼にはきわめて幸運だった。そこには、ライオネル・ロビンズが一九二九年にやってきて、さらに若き俊英ロイ・アレン、ニコラス・カルドア、アバ・ラーナーらが集まっていた。さらに一九三一年にはフリードリッヒ・ハイエクもLSEに着任している。こういった仲間に刺激を受ける中で、彼はイギリスの中では少し例外的に、大陸の経済学者の文献にも触れることができた。ハイエクは後述するように、もともとは貨幣的景気循環論の先端を走る研究者であり、中央銀行の定める利子率が景気循環に及ぼす影響などについて研究していたのである。この影響は、後年のヒックスにも引き継がれていく。ヒックスは一般均衡理論の数学的な完成には興味がなく、時間が存在し資本が蓄積され与件《よけん》が変化していく経済の振る舞いに興味があったのである。だから、一九四六年の『価値と資本』第二版のあと書きの中で、サミュエルソンの『経済分析の基礎』に触れて、はっきりと「物足りない」と述べている。ヒックスが、わざわざ「週」の概念を導入したのは、数学的な能力の限界からそれに甘んじなければならなかったからではない。均衡解への安定性については、静学的な扱いにはなっているが、肝心なのは「週」と「週」の間で起こる問題である。これをむしろ明示的にしたかったのである。[7] 他方、サミュエルソンの扱いでは、数学的に単に均衡解への収斂ばかりに注意が振り向けられてしまうことになろう。

実は、ヒックスに非常に大きな影響を受け、日本人で最初のノーベル経済学賞を受賞するのではないかと言われていた人物に、森嶋通夫《もりしまみちお》がいる。彼は、今とは違って海外の文献がなかなか手に入らない時期に、遠く異国の地で数理経済学が花開いているのを眺め、日本で独自に研究を続けていた。その彼は、サミュエルソンの『基礎』にはたいした印象は受けず、役に立つか立たぬかがわからない、ありとあらゆる道具が展覧されている「玩具箱を引っ繰り返したような書物」と評価している。[8]

何が二人のアプローチを分けたのであろうか？　サミュエルソン自身が『基礎』の出版が戦争によって遅れたことを回顧して「……当時は、ケインズ的巨視経済学の革命の余波にあい、しかも戦争が特殊な経済問題を生み出していたときでもあったので、純粋経済学の精密さはいくぶん頽廃的に思われた」と言っているとおり、『基礎』の目的は純粋経済学の精密さの追求であった。他方、ヒックスが『価値と資本』を書いていたのは、ちょうど一九二九年恐慌後の経済的混乱の時代なのである。彼は、当時の経済状況の解明に資するものを求めたのである。従って、ヒックスにとって『価値と資本』と比較されるべきものは、サミュエルソンの『基礎』ではなく、ケインズの『一般理論』であったに違いない。[9]事実、ヒックスは常日頃から、理論経済学の地位を応用経済学の下に置くことを明言していたのである。純粋経済学の精緻化と現実の分析……二人の目指すところは、共通の見解ではなかったのだろう。事実、ヒックスは一九七二年のノーベル経済学賞受賞時に困惑して「今は捨てさったかつての業績を評価された」としている。ヒックスにとってみれば、現実をよりよく分析できるツールこそが追求されるべきものだったのであるから、世界的な名声を博した『価値と資本』の立場を捨て、『経済史の理論』のように価格二分法を採用したアプローチに乗り換えることには、何ら躊躇しなかったのであろう。

ヒックスは、一九三五年から一九三八年までの短期間ケンブリッジ大学に在籍するが、一九三八年から一九四六年までマンチェスター大学に勤務した。その後、一九四六年から一九七一年までオックスフォード大学に勤め、後年の代表的な作品である『資本と成長』（一九六五年）、『資本と時間』（一九七三年）を発表している。加えて、おそらくヒックスが最後に到達した境地を示す『経済史の理論』もこの時期の一九六九年に書かれているのである。そして、一九八九年五月二十日、本人は控えめでありながら、多くの人の尊敬を集め続けたその生涯を閉じたのである。

ならば、ヒックスと同じ理由で共同受賞をしたアローはどうだったのであろうか？　アローは一九二一年にアメリカのニューヨーク市でルーマニア移民の両親から生まれた。アローが、大学に進学を考えた頃は、ちょうど一九二九年からの大恐慌の影響で父親の事業がうまく行かなくなった時期であった。そこで、彼はニューヨーク市民には無料で入学できたニューヨーク市立大学に進学することになった。一九四〇年に同大学を卒業後、コロンビア大学の大学院に進むが、そこで取ったのは数学の修士号であった。だが、そこでの統計経済学者ハロルド・ホテリングとの出会いがその後の彼の方向性を決めたようである。彼は、数学に進むか経済学に進むかを迷っていたのだ。一九四二年から一九四六年までの兵役をはさんで、一九五一年にコロンビア大学に提出された博士論文こそが、その後の一大センセーションを呼び起こす「社会的選択と個人的評価」であった。この論文の意図するところは、次のようなものである。各個人は、各選択肢に対して選好《せんこう》（望ましい順序）を持っているであろう。だが、社会全体でその選択肢の中から望ましい順番を決めようとする際に、各構成員の選好を反映したものになるだろうか？　これに対してアローは、それが可能となるような手続きが常に存在するとは限らないことを証明してしまったのである。これだけではわかりにくいので、アローが言ったことのごく一部になるが、有名な投票のパラドックスを考えてみよう。

投票のパラドックス

今、三人の大学生A、B、Cがいるとしよう。彼らは卒業旅行の行き先を決めようとしている。それぞれの行き先に対する選好は表の通りとする。>は左の方が右の選択肢よりも望ましいことを示すとしよう。

Aさん	京都	>	北海道	>	九州
Bさん	北海道	>	九州	>	京都
Cさん	九州	>	京都	>	北海道

すぐに思いつくとすれば、多数決であろう。ところが、そうは簡単ではない。一斉に多数決を取れば、全ての行き先は一票ずつになって決まらない。そこで、二つの行き先ごとに投票してみよう。まず、京都と北海道であれば、どちらが良いであろうか？

京都　二票（AとC）　北海道　一票（B）

次に、北海道と九州で投票してみよう。

北海道　二票（AとB）　九州　一票（C）

京都が北海道よりも望ましく、北海道は九州よりも望ましいのであるから、京都で行き先は決定……とはならない。念のため、九州と京都で投票してみると、

九州　二票（BとC）　京都　一票（A）

となるのである。このようにそれぞれAさんからCさんまでの選好を活かした上で、全体での選択を行おうとしても、うまく行かない。これこそが、アローの「一般（不）可能性定理」と呼ばれるものである。この定理のインパクトが大きいものであることは、一目瞭然であろう。つまり、民主的な手続きを経ることで、構成員の選好を活かした決定を行うことが（常には）できないということを明らかにしたからだ。この研究はその後数多くの反論と賛成論の論争が繰り広げられたが、結果はアローが示したことを追認することになった。[10]

次に、彼が取り組んだのが一般均衡理論の解の存在証明であった。先に述べたように、ヒックスがワルラス以降それまでは細々と周辺的な分野と見なされていた一般均衡理論を理論の中心に引き戻した。だが、その時点で一般均衡理論には解の存在が保証されるか否かがまだはっきりしていないという状況にあった。たしかに、オーストリアの銀行家シュレジンガーの依頼により数学者エイブラハム・ウォルトが微積分を用いてきわめて難解でかつ限定的な証明を行ってはいた。一方、ヒックスの『価値と資本』もサミュエルソンの『経済分析の基礎』もいずれも一般均衡理論を扱っているが、解の存在証明はしていなかった。そこでアローはこれに取り組んだ。

アローがこの問題のブレークスルーを成し遂げることができたのは、実は他分野であるゲーム理論のナッシュによって証明された定理を用いたおかげであった。だが、興味深いことに、ほぼ同時にフランス人のジェラール・ドブリューもほぼ同じ方法で証明しようとしていることがわかった。そこで、アローとドブリューは共同で論文を出すことにしたのであった。

さて、一般均衡理論がどのようなものであるかは、先述したとおりである。だが、すべての人すべての企業の行動をうまくすりあわせることができる解の存在がわかったからといって、何の意味があるのだろうか？　事実、一般均衡理論に対しては、それが「科学ではない」として厳しい批判もある。ここでは、フリードマンの考えを紹介しよう。彼によれば一般均衡理論は、論理の体系ではあるが、何らの予測性も持たないために、科学の要件を満たさないというのである。むしろ、一般均衡理論が隆盛を誇ってからは、部分均衡理論として見られるようになってしまったが、マーシャルの方法こそは、時間を区切り、与件を切り出し分析して、条件の変化が及ぼす影響を予測できるので、科学たり得るというわけである。だが、アロー自身は、むしろ楽観的である。「抽象的で数学的に響くにもかかわらず、一般均衡理論の各種の存在性定理は、非常に有用であることがわかってきた。それらは、個別の経済諸問題に対する一般均衡理論のより多くの応用を、確実に刺激したのである」[11]。

さて、アローの功績はこれに留まらない。まとまった形ではないが、不確実性の下で人間はどのように行動するのか。また人々は生産の経験を積むことによって、効率を上げる可能性があるが、そのような学習効果が発生するならば、理論的に生産量はどう変化するのか。これらは、今なおその分野の研究を触発し続けている。いわばその端緒を切り開いたのがアローだと言えよう。

現代経済理論の礎を築いた三人を紹介してきたが、引き継がれているものは、数学上の技法のように見える。だが、彼らの問題意識はどうなったのだろう？　数学のモデルは、共通言語でありわかりやすい。だが、その分、そこに込められた意図が後世には伝わりにくくなってしまっている。

また、サミュエルソンが促進してしまった経済学の制度化の波はいよいよ強く、その道筋に乗っていないアプローチに冷淡になってしまっていないだろうか？　それは、一面で経済学のその後の発展に寄与した部分——間違いなく標準を備えた「科学」としての地位を高めた——一方で、他のアプローチの可能性を秘めた異端を残す余地を狭めてしまっていないだろうか。ノーベル経済学賞の持つ重みを考えるとき、なおのことこの思いを強くせざるを得ない。

3　観察ツールの確立

クズネッツ（一九七一）

移住を経て

科学には二面性がある。一面で、飽くなき知的好奇心に任せ真実を探求するべくどこまでも地平線の果てまで追いかけるような面、他方で現実の課題を解決すべくもがくように現実と格闘する面である。例えば、量子力学の分野、宇宙物理学の分野があり、他方で再生医療で難病の治療に活かそうというｉＰＳ細胞のような研究もある。言うまでもないが、どちらも尊い知的活動である。

だが、こと身近な感覚に限るなら、スーパーカミオカンデを使って素粒子ニュートリノに質量があることを確認できたことで、人類の生活が劇的に変化したりはしない。経済学でも同じような側面があり、例えば、サミュエルソンが定式化した顕示選好の理論がなくても、一般均衡解の存在がまだ証明されていなくとも我々が普段の買い物に困ることはない。

だが他方で、一般消費者がその恩恵を直接受けているわけではないが、これがなければ我々の生活が相当困るというものもある。例えば、今日経済の状態を測る上で不可欠なものに国民経済計算がある。これが測れなければ、そもそも経済の規模はどの程度なのか、成長しているのか停滞しているのかすらわからない。体温計や血圧計なしで、感覚で「ちょっと熱っぽいなぁ」とか「血圧が高い気がする」と言っても、対処に困るのと同じである。同じく、貧血気味だとか、体脂肪率がどの程度かなど、体質を理解しないと、健康維持のための生活改善もままならない。これと同じく、経済の構造について理解するためには、単にＧＤＰの規模や変化率だけでは不十分で、産業連関表が必要になってくる。

こういった指標は、現代ではあるのが当たり前のようになっているが、それを作り出すには相応の苦労があったのである。

現在で言うところの国民経済計算のパイオニアが、一九七一年という早い段階でノーベル経済学賞を受賞したサイモン・クズネッツである。彼は、一九〇一年四月三十日に今のベラルーシのピンスクに生まれた。彼は、まずウクライナのカルコフ大学に進学し、そこで経済学を専攻した。そこでシュンペーターのイノベーションと景気循環を学ぶことになった。だが、ロシア革命の勃発は彼の勉学生活の中断を余儀なくさせた。そして、一九二二年にクズネッツは家族とともにアメリカへ移住することになった。

アメリカに渡ってから、彼はコロンビア大学で学び直し、一九二三年に卒業、翌二四年に修士号、二六年にPh.Dを取得した。そして、大学院在学中に全米経済研究所（NBER）を率いていたウェズリー・ミッチェルと出会い、その縁でNBERに入ることとなった。周知のように、NBERはアメリカの実証的な研究の聖地のようなところであり、アメリカ経済のさまざまなデータを収集処理していた。ところが、トーマス・カリアーによれば「あちこちから経済の細かいデータを集めて分析する仕事は地味で退屈な作業の繰り返しだったかもしれないが、一九二九年になると突然それが国家の優先課題に浮上した」[12]。当時の商務長官は上院からアメリカの国民所得の推計を命じられ、実際にこの任に当たることになったのが、クズネッツであった。彼は、苦労してデータを集めただけではなく、その加工においていろいろな苦難に出会った。

国民経済計算

ここで、簡単に国民経済計算についてのおさらいをしておこう。

俗に、国民ないし国内総生産というように「生産」という名がついているが、生産額そのものではない。あくまでも、付加価値である。具体的に数値例を考えてみよう（図1－1参照）。

今、ここで10億円分の小麦を生産している農家と、20億円分の小麦粉を生産している製粉会社と30億円分のパンを生産している製パン会社がある。表面的には、それぞれの生産者が、10億円、20億

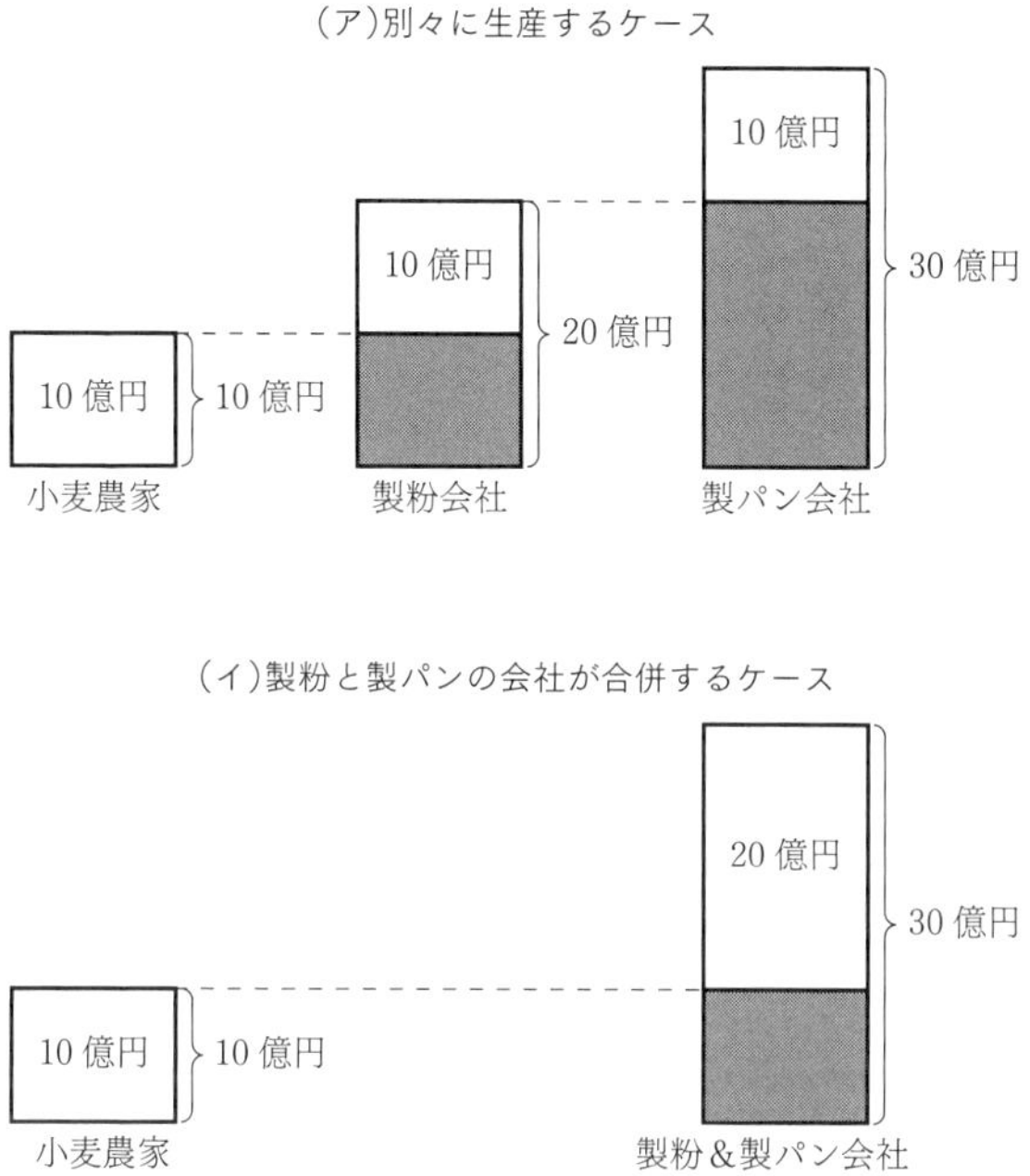

図1-1

円、30億円ずつ生産をしており、合計すると60億円分の生産が行われているように見える。しかし、これをもってこの国の生産額が60億円とするのは早計である。例えば、今製粉会社と製パン会社が合併したらどうなるだろうか？　すると、小麦農家と製粉＆製パン会社の二つの経済主体がそれぞれ10億円の小麦と30億円のパンを生産しているので、40億円の生産額となってしまう。だが、これは会計上二つの経済主体が一つになっただけで、この国の豊かさが変わったわけではないはずである。

　そこで、ここで見てみるべきなのは、付加価値であることがわかる。つまり、それぞれの経済主体がどれだけの価値を新たに生み出したかである。この例では、小麦農家はそのまま10億円分の価値を生み出している。次の製粉会社は20億円の生産物を売っているが、10億円分の価値は小麦農家から買い入れている。これを中間投入と言うが、出荷額の20億円からこれを差し引けば、製粉会社の生み出した付加価値10億円が出てくる。同じく、製パン会社も30億円分のパンを出荷しているが、そこから製粉会社から仕入れた20億円分の小麦の価値を差し引けば、10億円の価値を生み出していることがわかる。それゆえ、この経済では、小麦農家10億円、製粉会社10億円、製パン会社10億円の合計30億円の付加価値を生み出している、つまりＧＤＰは30億円であることがわかる。この考えに基づけば、製粉会社と製パン会社が合併したケースでも、ＧＤＰは30億円で変わりない。

ちなみに、国民総生産（ＧＮＰ）は属人的な概念であり、日本人が日本国内であれ海外であれ生み出した付加価値を合計する。一方の国内総生産（ＧＤＰ）は、属地的で日本国内であればその人・企業の国籍がどこであろうと生み出した付加価値を合計する。例えばイチロー選手がメジャーリーグで得ている年俸はＧＮＰには計上されるが、ＧＤＰには計上されず、他方日本のプロ野球で活躍する元メジャーリーグの選手の年俸は、ＧＮＰ上は日本ではカウントされず、ＧＤＰには計上されるというわけである。

ところで、国民経済計算では原則は市場に出ているものの価値を測定することになっている。従って借家住まいの人は貸家市場でサービスを購入して対価である家賃を支払っているということになるので、ＧＤＰに計上されることにそれほど不思議はないだろう。しかし、持ち家に住んでいる人はもちろん家賃負担が発生しないが、それは家の持ち主がたまたま家に住んでいる人と同一だからではないだろうか？　家に住むというサービスを消費しているという点で、持ち家の人と借家住まいの人は同じではないか。だとすると、持ち家の人も自分で自分に家賃を支払っていると考える方が理にかなっている。そこで、GDP上は（「帰属家賃」というが）これを推計して計上することになっている。[13]さらに、農家が自分の家でとれたものを食べた場合それはどうなるのか、公務員は何か付加価値を生み出しているのか？　さらに、複数年利用する資本の減価償却については、どう考えれば良いのか？　実は数えだしたらきりがないほどの、細々とした決まり事が出てくるのであり、これをクリアして初めてGDPが計測できるのである。

現在では、国連が中心となって国際的に標準的な手法で計測することになっている。こういった具体的な作業は、実際にはきわめて面倒なものであるのだが、これがないと、実際のところ景気対策など全く行えない。ケインズ経済学をはじめとするマクロ経済学はそれこそ絵に描いた餅となってしまう。[14]だからこそ、最初にGDP（GNP）統計を整備するという事業は尊いものだったのである。

クズネッツは、この国民所得の枠組みを生み出し、計測するというだけではなく、その後のデータから見える事実を追う研究を続けた。その代表的なものの一つは、景気循環理論のもので、過去のデータを分析することで二十年周期の循環の波が観測されるというものである。俗に、クズネッツ波と呼ばれるもので、これはやはりノーベル経済学賞受賞者であるアーサー・ルイスが命名したとされる。そして、彼の研究者キャリアの中で長く取り組んだもう一つの問題は開発・成長に関わるものであった。これも、データから実証的に導き出したのであるが、経済発展を始めるとはじめは所得分布の不平等度が上がっていく。しかし、ある程度継続的に経済が発展すると、低所得者や中所得者の国民所得に占めるシェアが相対的に上昇することで、所得分配の不均等はならされていくというものである。アメリカの発展などを見ていくとたしかにそう跡づけることも可能であろう。クズネッツは、ノーベル賞の記念講演でも、この経済成長の問題をテーマに取り上げている。

ところで、クズネッツは一九八五年七月になくなっているのだが、その後の世界の情勢を見てみるとどうだろうか？　ピケティの『21世紀の資本』（二〇一四年）の議論を待つまでもなく、世界的に不平等が拡大しつつある。[15] もしも、クズネッツが今なお存命なら、どう事態を見たのだろうか？

産業の複雑な連関

それでは、GDP統計さえ整えばあとは大丈夫だろうか？　残念ながらそうではない。GDPは一つのスカラー量として、その国の付加価値総額を表したものである。それゆえ、その国の経済規模や成長は把握できる。しかし、実際の経済では産業と産業が複雑に相互に結びつけられている状況で付加価値が生み出されている。それぞれの産業がどのように結びついているのか、その構造を把握することで、その国の経済の特徴をはじめて把握できるのであり、それを可能にするのが産業連関表である。

産業連関表がどんなものかを理解するために、もっとも単純化した農工二部門のモデルで説明してみよう（図1-2参照）。

（5）生産量のところに注目すると農業が100、工業がそれぞれ200のものを作っている。ただ、それぞれの産業は自分自身と他方の産業からの中間投入をすることで生産活動を行っている。そこで、まずタテの列に注目すると、農業は100のものを作るために、農業自身から10、工業から50

のものを投入していることを示している。一方、工業は農業から40、工業自身から50のものを投入している。他方、ヨコの列で見た場合はどうなるだろうか。農業は農業自身に10納入しており、工業には40納入している。つまり、あわせて50は中間財需要として使われている。一方、全部で１００を作っているのでその差の50が家計に最終需要として消費されていることを示している。工業も同じく、農業向けに50、工業向けに50の合計１００が中間財として需要されており、残り１００が家計に消費されている。それで、生産の２００と同じになっている。このように、ヨコ向きに見るときは、その産業の財がどのように需要されていくかを示しており、タテに見るときには、その産業がどれだけのものを中間投入しているかを示している。さらに、最終的な生産額から中間投入を引いたものが付加価値を示しており、（６）の数字を見れば、農業が40、工業が１１０生み出したことがわかる。図では、四列目の家計となっているところに、他の需要主体も明示すれば、おなじみの最終需要表になり、ケインズ経済学で言うところの総需要の式Y＝C＋I＋Gを示すこともできる。タテの（６）付加価値のところは、雇用者報酬や営業余剰などが誰に帰属するかを明示することもでき、これまたおなじみの所得分配を示すことにな

	(1) 農業	(2) 工業	(3) 中間需要合計((1)＋(2))	(4) 最終需要(家計等)	(5) 生産量((3)＋(4))
(1) 農業	10	40	50	50	100
(2) 工業	50	50	100	100	200
(6) 付加価値	40	110	150		
(5) 生産量	100	200	300		

図1-2

る。

今日では、GDP統計も含めて、俗に「国民経済計算の五勘定」と呼ばれる「国民所得勘定」、「産業連関表」、「資金循環勘定」、「国際収支表」、「国民貸借対照表」として一体的に整備されている。

産業連関表は、それぞれの国の経済で産業が実際にどのように結びついているのかを示すものであり、重要である。たとえば、この産業連関表では、生産量と中間投入の関係は、技術係数としてまさにこの国における産業間の結びつきの技術的な関係を示している。一方、その技術係数を前提とすればある財に対する最終需要の変化が、他の産業にどのように波及するのかを明らかにすることができるのである。現実の経済は、言うまでもなくもっと複雑でたくさんの産業がある。日本の場合では、総務省や内閣府を初めとする十府省庁共同で、五年に一度詳細な産業連関表を作成している。これは、国内の内生部門を五百十八行×三百九十七列で表示した基本分類、それを結合して百九十部門にしたもの、百八部門にしたもの、さらに結合して三十七部門にしたものが作成されている。また、それとは別個に、毎年内閣府経済社会総合研究所が、SNA産業連関表として、二十五部門のものと九十一部門のものを作成している。

政策担当者にとっては、これは必要不可欠な数字となる。例えば、日本全体で自動車に対する需要が減少した場合、他の産業にどのような影響が出るのかを見るには、これがないと始まらない。

だが、この係数を知るのは簡単ではなく、地道に、各産業の産出と取引の数字を集めていくしかない。まずこの仕組みを作り上げ、さらに実際の数値を集めたのが、レオンチェフなのである。

レオンチェフ（一九七三）

理論より実証

レオンチェフも、一九〇六年八月五日に生まれ、幼少の頃にサンクトペテルブルク（ソ連当時はレニングラード）で過ごしている。父も経済学者であった。一九二一年にレニングラード大学に進学し、哲学、社会学、そして最後に経済学を学び、一九二五年に経済学の学位を取った。その後、ベルリン大学に進み、「経済循環」のタイトルの論文で博士の学位を取った。一九二七年から一九三〇年まではキール大学の国際経済研究所に属し、そのうち一九二九年に中国に滞在し、鉄道省のアドバイザーの仕事をした。一九三一年に渡米してＮＢＥＲに移り、一九三二年にハーバード大学の経済学部に着任している。彼の学位論文の時点で、すでに経済循環に興味があることがわかるが、一九三六年に *Review of Economics and Statistics* に構想を発表したのが、今日的な産業連関表としては世界初といわれている。この後、一九四一年以降は正式にアメリカ政府によって認められ、作成発展していくことになった。レオンチェフ自身も、産業連関表の改良に余念がなく、さらにこれの適用にも力を入れた。一九四一年の『アメリカ経済の構造』はその代表作であろう。

加えて、軍縮問題や環境問題といった現実の問題にも常に関心を持ち続けていたことも注目に値しよう。実際、彼のノーベル賞の受賞講演では、公害を引き起こす産業を取り除いた場合に、どのような結果が出るかという分析を行っている。このように、彼は産業連関分析に、研究生活のほとんどを捧げてきたといっても過言ではない。

クズネッツとレオンチェフら二人の業績こそが、現実の学としての経済学の存在意義を生み出しているると言ってもさしつかえないだろう。また、純粋理論では残念ながらはやりすたりがあって、ある時はその分野の開拓者としてもてはやされることもあれば、逆に過去の遺産のごとくになってしまうこともありうる。ところが、経済の計測の道具の発明をした二人に関しては、そういったこともなく、今後もずっと彼らの貢献の上にわれわれの経済学の発展が続いて行くであろう。[16]

また、彼ら二人は理論偏重の時代にあって、実証データから意味のある問題を導き出すという点でも、一貫していた。ファクトファインディングとは、まさに彼らの研究スタイルを表す言葉であろう。事実、レオンチェフは一九七〇年のアメリカ経済学会の会長講演で「理論の前提と観察されていない事実」と題した講演を行っており、理論偏重の風潮をたしなめた。残念ながら、彼の指摘は四十年以上たった今でもその風潮に変わりはないようだ。

4　思想への影響

「思想」で受賞したのではないが

この分野の評価が一番難しい。なぜなら、どの思想が優れていて、どれがそうではないのか価値判断の違いが真正面に出てくる分野だからだ。だからこそ、この分野に分類されるハイエク、フリードマン、ミュルダールの三人は、決して彼らの自由主義思想や福祉国家思想に対して賞が授けられているわけではない。

だが、ノーベル経済学賞の授賞理由として表に出ては来なかろうと、彼らの思想の影響力が大きいという事実に変わりはない。ノーベル賞受賞者としてではなく、経済学者として評価するのであれば、彼らの思想を外すわけにはいかないのである。とりわけ、肝心の彼ら自身は見事なまでに自らの思想の大きさに自覚的であるからなおさらである。

本来であれば受賞年順に見る方が良いのかもしれないが、ここは先にハイエクとフリードマンから取り上げよう。

ハイエク（一九七四）

自由主義者として

ハイエクは、一九七四年に「貨幣及び経済変動に対する先駆的業績及び経済、社会、制度現象の相互依存性に対する鋭い分析」という理由で、ミュルダールとともにノーベル経済学賞を受けることになった。この二人の受賞がある点で異例であったことはすでに述べたとおりである。だが、「福祉国家」への賛成と反対という軸で見れば、それはそれで興味深いのである。

ハイエクは、一八九九年五月八日にオーストリアのウィーンで生まれた。一九一八年にウィーン大学に進み、一九二一年に法学博士号を取得、一九二三年に同大学から政治学博士号も取得している。その後、一九二三年三月から一九二四年六月まで、ニューヨーク大学に身をおいた。その後、ウィーンに戻り、フリッツ・マハループやオスカー・モルゲンシュテルンらと研究会を組織した。このときに、やはり自由主義者の大御所ルートヴィッヒ・フォン・ミーゼスと出会っており、これこそが彼の後の自由主義者としての人生を決めたと言っても過言ではないかもしれない。だが、このころは自由主義者のイデオローグとしてよりも、貨幣的景気循環論で名を馳せていた。一九二七年から一九三一年までオーストリア景気循環研究所の所長として在籍した。一九二九年には『貨幣理論と景気循環』をドイツ語で出版している。その後、一九三一年から一九五〇年までライオネル・ロビンズに呼ばれ、LSEに赴くことになった。ここで、ハイエクは良くも悪くも、イギリスのさまざまな学者と交流することになった。LSEスタッフとは、先述のロビンズを初めとして、生産的な関係であった。とは言え、ジョージ・シャックルやニコラス・カルドアなどLSEの俊英たちが、ライバルのケインズ経済学に進路を変えていくところも目の当たりにしている。また、一九三九年にナチスドイツによるロンドンの空襲を避けて、ケンブリッジにLSEが疎開したときには、ケンブリッジのケインズ・サーカスのメンバーとは、議論が対立することがしばしばであった。ハイエクは、戦後ケインズ経済学批判の急先鋒として有名になっていくが、実はケインズ革命の現場をそばで見ていたことになる。

福祉国家への警告

もともと、大陸の景気循環論をワルラス理論と組み合わせようという意図を持っていたハイエクだが、一九四〇年過ぎにはその試みをあきらめたということだ。では、その後のハイエクはどんな活躍をしたのだろうか？　彼は、第二次世界大戦が終わる前の一九四四年に『隷属《れいぞく》への道』を出版し、福祉国家を指向することは、そのまま専制国家につながるという警告を発した。たしかに、ナチスドイツは民主的なワイマール憲法の下で生まれた。また、ソ連では社会主義の道を邁進《まいしん》していたし、アメリカでもフランクリン・ローズヴェルト大統領の下、介入主義的なニューディール政策を遂行していた。ハイエクにはこれが危険だと感じられたのである。この本はベストセラーとなり、ハイエクは一躍自由主義の中心人物となったのである。そして、ハイエクはこのような危機意識を持って、一九四六年に五十八名の人々に招待状を送ったところ、翌一九四七年四月に、スイスのモンペルランにあるホテルに三十九名もの人が集まった。そして、自由主義に関するミーティングを行ったのである。集まった人々はいろいろな信条を持つ人たちで、必ずしも市場主義一辺倒ではなかった。例えば、ここにはもちろん自由主義者の大物ミーゼスのような人もいたが、穏健な自由主義者も集まった。また、ここにフリードマンやスティグラーも集まり、シカゴ大学の自由主義者とも顔合わせすることになった。この会合は、最初の開催地にちなんで、「モンペルラン・ソサエティ」と後に呼ばれるようになり、現在までも定期的に会合を持ち、自由主義者の集まりと認識されている。

だが、時代は必ずしもハイエクの思うようには進まなかった。一九四四年にイギリスでは『雇用白書』が提出され、雇用安定に対して政府が、公式に責任を持つべきだとされた。また、アメリカでも一九四六年に雇用法が成立し、経済の安定に対して政府が公式に責任を持つものとされたのであった。この後、多くの先進国では政府が経済活動の安定に対して責任を持つという「福祉国家」の道を進んでいくことになった。

ハイエクは、一九五〇年に渡米しシカゴ大学の道徳科学の教授になる。彼は、シカゴ大学在学中に、経済学から離れ『科学の反革命』(一九五二年)や『自由の条件』(一九六〇年)など研究活動は継続したのだが、ハイエクの名前は一部の人をのぞいて少しずつ人々から忘れ去られていく運命にあるように見えた。その後、一九六二年にドイツのフライブルク大学に戻って、アカデミックな生活はここでひっそりと終えることとなった。

突然の脚光

ところが、突然彼が再び脚光を浴びるようになる事態が発生した。その一つが、ノーベル経済学賞の受賞である。先述の通り、彼の授賞理由はかなり昔のそれもすでに放棄したような業績に対するものであった。しかし、それでもノーベル賞の威光は大きい。再びハイエクの主張に注目が集まるようになった。また、一九七九年にイギリスの首相になったマーガレット・サッチャーはハイエクを愛読書にしていると公言し、小さな政府を標榜して政策を遂行したのであった。さらに、一九九一年にはアメリカのジョージ・ブッシュ(父)大統領からは、大統領自由勲章まで授かっている。彼の人生を振り返るとき、まさに浮き沈みの激しいものであった。

では、ノーベル賞を受賞したハイエクの何が今後も残るのであろうか? おそらく彼の経済理論ではなく、不遇な時代に開拓した自由主義思想であろう。そう考えると、ノーベル賞の選考委員会は名を残す人を選んだが、その理由については誤ったということだろうか?

フリードマン（一九七六）

人騒がせな受賞者

　ところで、自由主義者で有名な受賞者はハイエクだけではない。一九七六年に受賞したミルトン・フリードマンもそうである。だが、彼ほど人騒がせな受賞者もいないだろう。

　フリードマンは、一九一二年にニューヨークのブルックリンでユダヤ移民の子として生まれた。若い頃は、ユダヤ教に熱心だったそうだが、後に無神論になった。一九二八年にラトガース大学に入学し、後の連邦準備制度理事会（ＦＲＢ）の議長を務めることになるアーサー・バーンズと後にセントルイス連邦準備銀行の副頭取を務めるホーマー・ジョーンズと出会うことになった。彼らからの影響が多大であったとフリードマン自身が認めている。そして、卒業すると今度はシカゴ大学の大学院に進学することになった。実はブラウン大学に進んで応用数学を学ぶか迷っていたのだ。だが、まさに経済がどん底の一九三二年のことである。「その時代の最重要問題は経済学であった。……こうした状況の下では、経済学者になる事は、応用数学者や保険数理士になることよりも、その時代の火急な問題により密接な係わりを持つと思われた[17]」のである。

　さて、シカゴ大学ではフランク・ナイト、ヘンリー・サイモンズやジェイコブ・ヴァイナーなど大御所の教授陣が待ちかまえていた。そして、自由主義を旨とするシカゴ大学の伝統の中で、フリードマンの経済学が形作られていった[18]。とは言え、彼が経済学者としてのキャリアの初めから後に見られるような極端な自由主義者だったわけではない。事実、フリードマンは一九四一年から一九四三年まで財務省税務担当の公務員として働いていたのだ。そして、そのときに成し遂げたことの一つが、「源泉徴収制度」である。戦時中という特殊要因があったとはいえ、その後の大きな国家にとって根幹となる制度の導入に手を貸したというわけである。それだけではない。フリードマンは今日「ビルトインスタビライザー」の名で知られる、景気の自動安定化装置として源泉徴収制度を評価してもいるのである。

消費関数とマネタリズム

戦後になって、フリードマンの名を高めたのは、消費関数論争とマネタリズム論争であろう。単純化して言えば、ケインズ型の消費関数は、

$C=C_0+c(Y-T)$　C_0：独立的消費　c：限界消費性向　Y：所得　T：税収

と表される。しかし、これでは国民所得Yが成長していっても、消費Cの成長はそれほど伸びないことになってしまう。しかし、クズネッツが示したとおり、短期的にはともかく長期的には、実は所得YとCは比例的な関係にあるのではないか。このパズルを解く競争であった。フリードマンは恒常所得と呼ばれる仮説を提示し、消費がYの関数であるとしても、それは実際のYというよりも、人々が長期的に続くと考える期待された恒常所得の関数であるとしたのである。

次のマネタリズム論争も、もともとはアンナ・シュワルツとの共著『合衆国の貨幣史』（一九六三

年）という膨大な実証研究や他の国の統計的なデータから明らかになった仮説を基に主張された。「インフレーションは常にかつどこにおいても貨幣的現象である」というものであり、貨幣量の増加からおおむね六から九ヵ月の間に、名目所得が増加し、さらに六から九ヵ月の間に物価が上昇するというものであった。こういった主張は当初は風変わりなものとして見られていた。しかし、一九六〇年代の終わりからインフレーションが昂進し始め、さらに一九七三年、一九七九年と二度のオイルショックによって世界的にスタグフレーション（インフレーションと不況を意味するスタグネーションの語を組み合わせた造語）を経験するに及んで、彼の主張に注目が集まり始めた。さらに、一九七九年にFRB議長ポール・ヴォルカーがそれまでの利子率ではなく貨幣量のコントロールを行うと宣言しマネタリストの政策を正式に採用するに及んで、フリードマンの影響力は頂点を極めた。

この当時は、ケインジアンとフリードマン率いるマネタリストとの間で、いろいろな局面で論争が起きていたのだが、ハイライトはフィリップス曲線を巡るものであろう。というのは、当時のケインジアンは物価の理論の根幹にフィリップス曲線を据えていたからである。フィリップス曲線とは、アルバン・W・フィリップスがイギリスの一八六一年から一九五七年までの失業率と名目賃金データから、両者は右下がりのトレードオフの関係にあることを発見したものである。これをさらに進めて、名目賃金と物価がほぼ平行した動きをすることから、物価上昇率と失業率との間で「物価版フィリップス曲線」が見いだされた。これによれば、失業率が低い状況では物価が上がり、失業率が高い状態であれば、物価の上昇はあまりないということになる。ところが、一九七〇年代に入るとこういった関係が突然不安定になった。これを当初はケインジアンは説明することができなかったのだ。

ところが、フリードマンは期待を導入することで整合的な説明を行った（図1－3）。つまり、各期待インフレ率ごとに一本ずつ短期のフィリップス曲線が描ける。だが、人々の期待が変わればフィリップス曲線の位置も新たな期待インフレ率に応じたものが描ける。それゆえ、実際のインフレが起きて人々の期待インフレ率がどんどん改訂されるため、フィリップス曲線が不安定になったのだという訳である。実は、この考え方をさらにすすめていけば、もうルーカスらの合理的期待にあと一歩であり、反ケインズ経済学の終着点、新しい古典派経済学に到着する。そして、そういったルーカスを初めとする新しい古典派経済学者が、その後ノーベル経済学賞を席巻していくことになる。だが、まだ話をそこまで進めないでおこう。[19]

フリードマンの理論的業績である「恒常所得仮説」を生み出したものは、実はクズネッツとともにNBERで研究していた所得の実証的研究が下敷きにある。その上で、人々の期待を考えたのである。同じく、マネタリズム論争においても、もともとは膨大なデータを基に導き出してきた実証的命題であったことに注意したい。つまり、彼の授賞理由である経済理論の成果は、クズネッツからつながる、ある意味ファクトファインディングな業績であったのだ。

政治への関与

ところが、フリードマンの影響はそれに留まらない。彼はハイエクと同じく新自由主義の中心人物なのである。その代表的な著書は一九六二年に書かれた『資本主義と自由』である。同書は、東西冷戦の最盛期に書かれたものであるが、いわゆる資本主義対社会主義という体制間の対立を扱っていると言うよりも、資本主義国内部での政府の干渉主義を告発するものであった。例えば、同書では学区制の公教育という普段なら気にもならなかったような問題を選択の問題として捉え直したり（教育バウチャー）、負の所得税など、福祉国家の内部でいかに個人の選択の自由を確保する政策を取るべきかなどを説いたものである。実は、この書物に書かれた内容はすでに一部実現されており、それほど過激なようには見えない。だが、それでもこれを強硬に推し進めるとなると軋轢《あつれき》は生じるし、革命や災害時の混乱に乗じてそれを押しつけるとなるとなおのことである。

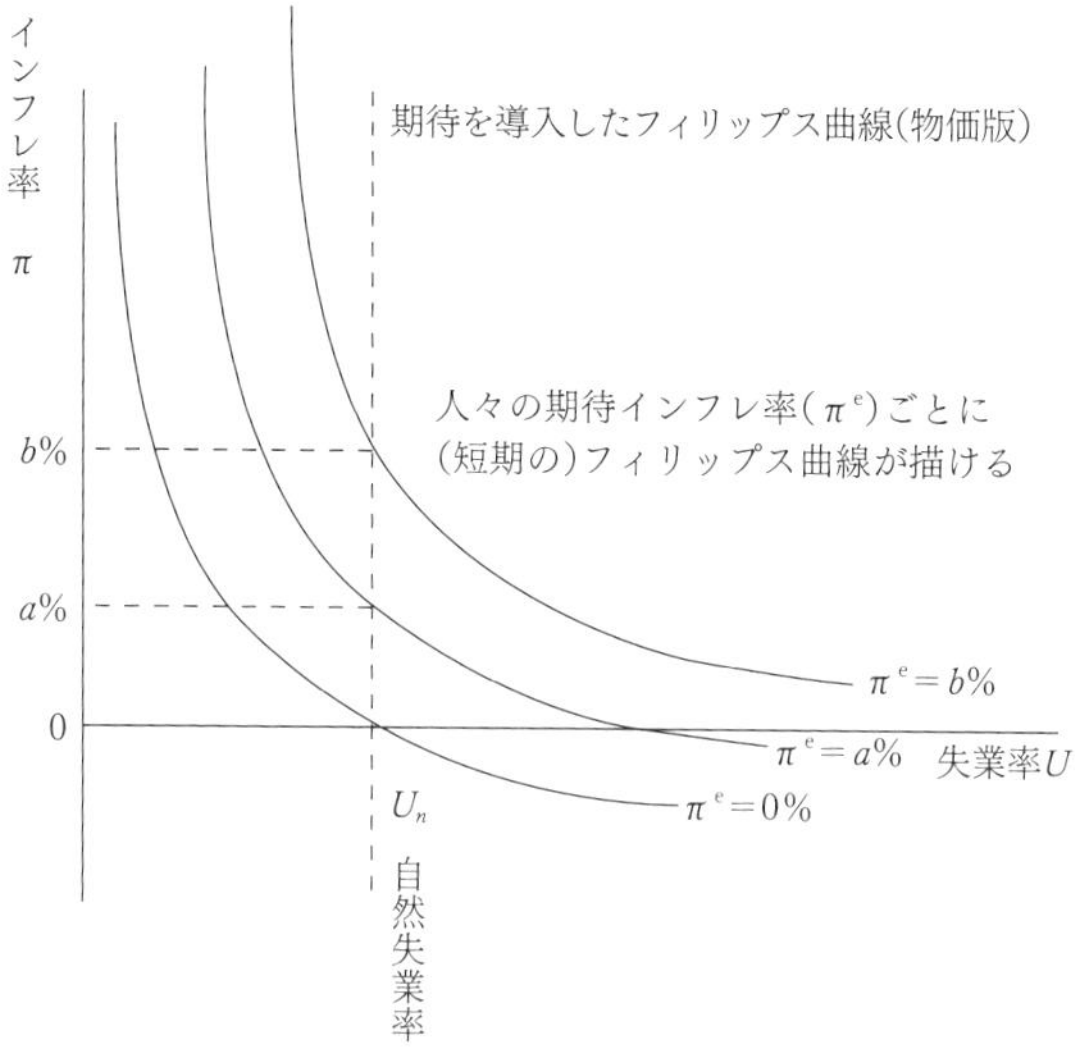

図1–3

　というのも、チリのピノチェト軍事政権の経済顧問をフリードマンが引き受け、いわゆる自由主義的改革を推奨したのではないかという疑惑が持たれていた。ピノチェト政権は反対派を政治犯として投獄していたこともあるのに、そのような政権に協力する人物は、果たしてノーベル経済学賞にふさわしいのであろうか？　と考えられた。こういった議論が巻き起こり、ノーベル賞受賞者の一部が、フリードマンの受賞に反対声明を出したり、さらには受賞パーティーの席にデモ隊の一部が入り込んだり、おそらくノーベル賞としては前代未聞の事態を生じさせてしまった。ことの真偽はともかくとして、[20]それだけフリードマンの活動が政治的に深くコミットしていたということであろうし、自由主義を「政策として」推進することは、やはり大きな反対を生むことにもなる。ここには、ただの観察の学問としての経済学だけではなく、政策の術としての経済学の側面も出てくるのである。学問と価値判断との関係は、今後もつきまとうであろう。

では、そういった価値判断はやはり論争を大きく生むものであるから、できる限り避けるべきものなのだろうか？　この問題に真正面から取り組んだのが、一九七四年にハイエクと共同受賞したスウェーデン人のグンナー・ミュルダールである。

ミュルダール（一九七四）

差別と開発と経済問題

ミュルダールの翻訳を多く手がけた丸尾《まるお》直美《なおみ》によれば、彼の業績は次の四つに区分できる。

（1）経済学方法論上の貢献
（2）貨幣理論と景気変動政策
（3）福祉国家論
（4）国際経済問題とりわけ開発問題

ミュルダールは、一八九八年十二月六日にスウェーデンに生まれた。一九二三年にストックホルム大学を卒業し、法律関係の仕事をしていた。一九二七年に経済学の博士号を取って、同大学の講師の職に就いている。

ミュルダールの名を高めたのは、一九三〇年に書かれた『経済学説と政治的要素』であるが、同書では、経済理論から価値判断を取り除くべきだとしている。だが、彼は後年には逆に価値判断を取り除くことはできないので、むしろ明示的にどのような価値判断を行ったのかをはっきりさせるべきだと主張するようになった。これは、彼がアメリカの黒人差別問題やアフリカ、アジアの開発問題の現実に触れるようになり、そこでは純粋な経済問題というものはなく、社会のあり方と密接不可分に結びついた状態にあるのが普通であると感じたからである。例えば、アメリカでは「自由と機会の平等、正義」といった信条が大切にされてきている。ところが、建前はともかく、実際上マイノリティーの立場に置かれた人々は本当に機会の平等を得ているのだろうか？　実は、この問題こそがフリードマンが主張する「選択の自由」の強力なアンチテーゼになりうるのである。下層にあえぐ人々は、その不遇な境遇を選択した訳ではないのである。

ミュルダールの功績はそれだけではなく、一九三三年のスウェーデン政府が立てた赤字予算の付属文書を書いたことも挙げられるべきである。これは反循環政策と呼ばれ、景気の悪いときには財政赤字を出してでも景気を下支えし、景気が良く余裕があるときには黒字予算で財政赤字を返済すべきという考えをもとに作成された。これは、一九三六年のケインズ『一般理論』に先立っているので、ケインズ以前のケインズ政策と呼ばれることもあるのである。その後、スウェーデンが福祉先進国としての名声を博し続けているのは、周知であろう。

福祉国家の守護者

ミュルダールは、さらに先進国で問題となる福祉国家論についても慧眼《けいがん》を発揮している。不況や金融危機を初めとして、我々は何らかの危機に直面すると、それへの対処を考えるようになる。そして、また別の危機に対して何らかの対処を取るようになるだろう。しかし、それら複数の対処と対処の間が果たして整合的であるとは限らない。つまり、今ある福祉国家は、アドホック（臨時的）な国家干渉の積み重ねで生み出されてきたものなのである。だが、それは必ずしも望ましいことではない。それらは「整合的かつ効率的に調整」される必要がある。それをミュルダールは「計画化」と呼んでいるのである。だが、計画化とは必ずしも国家の干渉の拡大を意味するのではなく、「単純化と合理化を意味すべき」ものなのである。例えば、同じ未就学児童対策であっても、保育園は厚生労働省管轄の保育施設として、幼稚園は文部科学省管轄の教育施設として並存している。[21] それらは整合的かつ効率的に整理されていく必要があるのである。さらに、国家がそれを直接的に干渉するのではなく、下部組織が交渉で解決していくことが望ましいのである。

我々は、ここに至ってハイエクのテーゼと見比べる必要があるのである。ハイエクは、善意であっても福祉国家的な政策が結局のところ国家の干渉を増大させ、ゆくゆくは専制国家になってしまうと警告している。だが、福祉国家になってから早七十年近くがたち、一貫して経済活動に占める政府の割合が、増加してきている今現在から見ても、必ずしもハイエクの議論は説得的とは言えないのではないか。むしろ、小さな政府を標榜する政府の方が国家主義的権威主義的であったことを考えると、ハイエクの主張は少し慎重に再検討に付した方が良いのかもしれない。一方、現状の福祉国家を前提として考えるのであれば、ミュルダールの議論は実はそれなりの説得性がある。ただ、残念ながら当時の福祉国家の守護者ミュルダールの主張は、自由主義者のそれと比べて、弱くなってしまっているように見える。だが、これは逆説的に言えば、どれほど「小さな政府」を叫ぼうとも、今なお福祉国家という現実の方が大きいから、福祉国家を推奨する議論よりも批判する議論の方が衆目を集めるということかもしれない。

我々は、この区分に入れた経済学者のことを考えるとき、ケインズの有名な言葉を思い出さずにはいられない。「遅かれ早かれ、良かれ悪しかれ危険なものは、既得権益ではなくて思想である」[22]。

結語

経済学の発展に寄与したものが授与されるノーベル経済学賞であるが、では賞が経済学に与える影響はどのようなものなのだろうか？　これは今後も繰り返される疑問であろう。一九六九年から一九七九年までのこの時代のノーベル経済学賞は、本当に幸せな時代であった。誰が受賞しても、文句のない人が多かったからだ。そして、ノーベル経済学賞を授与されても授与されなくても、彼らの影響力にはほとんど賞が影響を与えなかった時代でもある[23]。たとえ他の経済学の分野の学者であっても、その名を聞けばわかる人であったからだ。では、専門が近い人でなければ、受賞者が何をしている人なのかすぐにはわからないという現状は、不幸なのか。それが案外そうでもなく、ノーベル経済学賞を与えられた分野に注目が集まることで、その分野に新しい研究者が参入するなど活性化させる効果も期待できるのである。

生きている人にしか与えられないという決まりのせいで、受賞しても不思議でない人が漏れているのは残念なことである。例えば、フリードマンさえ認めるジョーン・ロビンソンや、あるいはジョン・K・ガルブレイスなどである。だが、逆説的に言えば、彼らはノーベル賞の栄誉に浴せなかったけれども、そんなものに頼らずとも、最初期の受賞者とともに名が残っていくのである。

第二章 ケインジアンと自由市場主義者 1980～1989

中村隆之

1　大恐慌時代に育って

対照的な潮流

一九八〇年代は、新自由主義が現実に適用されていく時代である。イギリスでは一九七九年、ハイエクを信奉するサッチャーが政権を握り、アメリカではフリードマンの思想を体現したレーガンが一九八一年に政権に就いた。もちろん、だからと言って、ノーベル賞受賞者が一気に自由市場主義者で占められていくわけではない。一九八〇年代の受賞者たちを見ると、むしろ政策の役割を重視するケインジアンが多いという印象を持つだろう。クライン、トービン、モジリアーニ、ソローは明確にケインジアンだし、国民経済計算の基礎を作ったストーンもケインジアンに含めていいだろう。

これまで思想・分野・地域に偏りが少ないように授賞者を選んできたノーベル賞委員会であるから、ケインジアンと自由市場主義者のバランスがとれているのは当然のことかもしれない。けれども、この時期のケインジアンの多さには、別の理由がありそうだ。

受賞者たちの生年を見てみよう。最も年長で一九一一年のスティグラー、アレ、ホーヴェルモ、最年少は一九二四年生まれのソローである。つまり、彼らは青年期に大恐慌を経験しているのである。そのことが経済学を専攻した理由であると明言している者も多い。例えば、クラインは「大恐慌の時期に成長した者として、自分の周りで起こっている事柄を少しでも理解したいと強く思ったから」と

ノーベル経済学賞受賞者　1980〜1989

年	受賞者・生没年	授賞理由
1980	ローレンス・R・クライン *Lawrence R. Klein* *1920-2013*	計量経済モデルを創造し、それを応用して景気変動・経済政策を分析した
1981	ジェームズ・トービン *James Tobin* *1918-2002*	金融市場とそれが支出決定・雇用・生産物・物価とどう関連するかを分析した
1982	ジョージ・J・スティグラー *George J. Stigler* *1911-1991*	産業構造・市場の機能・公的規制の原因と結果についての独創的な研究
1983	ジェラール・ドブリュー *Gerard Debreu* *1921-2004*	経済理論に新しい分析方法を組み込み、一般均衡理論を厳密に定式化した
1984	リチャード・ストーン *Richard Stone* *1913-1991*	国民経済計算体系に基礎的な貢献をなし、経験的な経済分析の基礎を大いに改良した
1985	フランコ・モジリアーニ *Franco Modigliani* *1918-2003*	貯蓄と金融市場の先駆的な分析
1986	ジェームズ・M・ブキャナン *James M. Buchanan, Jr.* *1919-2013*	経済的・政治的な意思決定における契約的・憲法的な基礎を発展させたこと
1987	ロバート・M・ソロー *Robert M. Solow* *1924-*	経済成長理論への貢献
1988	モーリス・アレ *Maurice Allais* *1911-2010*	市場と資源の効率的な利用に関する理論への先駆的な貢献
1989	トリグヴェ・ホーヴェルモ *Trygve Haavelmo* *1911-1999*	計量経済学の確率理論的な基礎を明確化、同時方程式で表される経済構造の分析

述べている。[1] もっとわかりやすく言えば、「この悲惨な状態を経済学の力で何とかしたい、何とかできるに違いない」という志だろう。トービン、ストーン、モジリアーニ、ソローの書いたものからは、自然とその志が読み取れる。

しかし、同じ時期に青年期を過ごしつつも、スティグラーとブキャナンは、むしろ熱烈な自由市場主義者＝反政府介入論者になった。彼らにとって、大恐慌とは何だったのか？　この苦難を経済学の力で何とかしようとは思わなかったのだろうか？　二人の経済観を理解するには、彼らのシカゴ大学における教師であったフランク・H・ナイトの影響が重要である。ナイトは、ジェイコブ・ヴァイナーとともにシカゴ学派の第一世代であり、市場の秩序形成機能に重きを置く自由主義者であった。彼は、自由市場が何でも解決するという楽観的な自由主義者ではなかったけれども、介入によって何でもよくできるという考えにはいつも懐疑的であった。だから、一九三〇年代の大恐慌に際しても、愚かにも介入によって解決しようとあがき、事態を甚だ混乱させるだろうが、最終的には市場の秩序形成機能の助けを借りて何とか乗り切るだろう、と見ていたのである。ナイトの知性は、「この悲惨な事態を何とかしたい」という素直な情熱を冷まさせる。ここにケインジアンとは対照的な、自由主義の知的潮流が生まれた。

さて、これから一九八〇年代の受賞者のうち六人の業績を紹介し、その経済学の特徴と意義を論じていく。上述した対照的な二つの潮流――ケインジアンとナイト由来の自由市場主義者――と、二人のフランス人（ドブリューとアレ）について、節を分けて述べたい。

2　ケインジアンたち

「新古典派」との難しい距離

経済学では、問題や考え方を共有する集団が一つの場所で交流することで、大きく発展していくことが多い。先に挙げたナイト由来の自由市場主義者たちにとっては、シカゴ大学という場所がそうであった。では、ケインジアンについてはどうであろうか？

イギリスで活躍したストーンは別にして、クライン、トービン、モジリアーニ、ソローは、明白にある場所と人物に結びついている。場所はハーバード大学＝マサチューセッツ工科大学（ＭＩＴ）、人物はポール・Ａ・サミュエルソンである。サミュエルソンは、二十世紀の数理経済学の第一人者であるだけでなく、教科書『経済学』（初版一九四八年）で第二次大戦後の経済学の大枠を決めた人物である。彼は、経済を把握する理論的なベースを新古典派経済学に求めつつ、マクロ的にはケインズ政策が必要であると考えた。新古典派とケインズ主義を接合しようとしたのである。

サミュエルソンは、学部はシカゴ大学（一九三二年〜三五年）だが、その後はハーバードの大学院の修士課程とジュニア・フェロー、一九四〇年からハーバードのお隣であるＭＩＴで教鞭《きょうべん》をとり、一九六二年に特任教授になった後もＭＩＴで研究を続けた。一九八〇年代受賞者のケインジアンたちは、必ずサミュエルソンと深い関係がある。クラインはＭＩＴでサミュエルソンの下で学び、トービンはハーバードでともに学生であった。モジリアーニもソローも、MITの同僚であった。

彼らは皆、サミュエルソンと研究プログラムを共有していた。「新古典派をベースにしつつケインズ経済学の理論的基礎を拡充し、ケインズ政策の適用範囲や実施方法について研究していこう」という大きな方向性を持っていたのである。では、この研究の方向性を最も体現していると言ってよいトービンから、その人となりと業績を説明していこう。

トービン（一九八一）

ハーバード黄金時代

ジェームズ・トービンは、一九一八年、イリノイ州シャンペインに生まれた。[2] 父はジャーナリストからイリノイ大学の運動部広報部長になり、母はソーシャル・ワーカーをしていた。トービンの家は裕福で、大恐慌の時代も生活に困ることはなかったが、周りにお金を稼げなくなる人が多くいる現実を見て育った。母からも失業と貧困に苦しむ人々の話をよく聞いた。このときの経験はトービンの心に深く刻まれ、経済学を志すきっかけになる。

地元の高校を卒業後、一九三五年にハーバード大学に入学した。幸運なことに、一九三〇年代のハーバード大学経済学部は黄金時代であった。ヨーゼフ・シュンペーター、ワシリー・レオンチェフなど優れた教師たちがいて、学生にはサミュエルソン以外にもリチャード・マスグレイブ、都留《つる》重人《しげと》など、後に活躍する人々が多くいた。また、タイミングも良かった。一九三六年にケインズ『一般理論』が出版され、この新しい考え方をめぐって活発な議論があった。とくにアルヴィン・ハンセンの財政政策セミナーにはワシントンの実務家もやってきて、歴史がこの部屋で作られているという実感があったという。大恐慌のような恐ろしい事態を理解し、克服するための学問が、今まさにここにあるという感じであっただろう。

一九四一年に大学院を修了後、ワシントンで統計の仕事をし、戦争が始まると海軍士官を務めた。戦争が終わるとハーバードに戻り、一九四七年に消費関数の理論と統計に関する博士論文を書いた。テーマはまさにケインズ経済学の王道である。その後、ジュニア・フェローとして自由な三年間の研究期間を与えられ、一九五〇年からイェール大学で教鞭をとった。一九五〇年代から六〇年代初頭のトービンの研究テーマは、ケインズ経済学に厳密な理論的基礎を与え、マクロ経済政策・貨幣政策の論理を充実させることであった。

一九五五年、経済学の研究機関「コールズ財団」がシカゴ大学からイェール大学に移設され、トービンが所長になる。これによって、イェール大学はマクロ経済学と金融理論の重要拠点となり、多くの若手研究者が集まってきた。トービンはここで盛んに共同研究を行い、多くの経済学者を育てた。

一九六一年、トービンはケネディ政権の大統領経済諮問委員会の委員となった。委員長はウォルター・ヘラー、もう一人の委員にカーミット・ゴードン、スタッフとしてソロー、アロー、アーサー・オーカンなど、優秀な人材が揃っていた。この委員会は、これまでケインジアンたちが築きあげてきた理論と政策用ツールを実践投入する場となった。彼らは、新しい政策に挑戦する熱気と自信に満ちていた。トービンは一九六二年に委員からは退いたが、以後も顧問として政府を支えた。

フリードマンの批判

一九六〇年代、ケインジアンは、フリードマンから批判を受けていた。フリードマンは貨幣数量説を持ち出し、貨幣は長期的に実物経済に影響を与えないとし、さらに実物経済は長期的に自然失業率に収束すると主張する。従って、金融政策は実物経済を混乱させなければよい、つまり貨幣をルールに基づいてコンスタントに供給することが重要ということになる。この考え方に基づけば、一九三〇年代の大不況は、アメリカ連邦準備銀行が十分な貨幣供給を行わなかったから深刻な事態になってしまった、ということになる。

こうしたフリードマンの主張は、当時のケインジアンからすれば受け入れがたいものである。市場の自動回復メカニズムを信じることなどできない現実をその目で見てきたからこそ、ケインジアンになったのである。にもかかわらず、財政政策も要らない、金融政策も一定の貨幣供給以上のことは要らない、ケインジアンは余計なことをしていると言われれば、反発して当然である。トービンも、貨幣と金融政策という自分の得意領域に関することだったので鋭く反論し、以後「ケインジアン・マネタリスト論争」のケインジアン側の代表のようになる。

論争のポイントが「貨幣需要関数が右下がりか、垂直か」に絞られると、一九七一年にフリードマンは垂直であると言い張ることを放棄する。これは、一見するとトービン＝ケインジアン側の勝利であるかのようであった。だが、それは、フリードマンの理論が持つ曖昧《あいまい》さ——新古典派のロジックの不徹底さ——がもたらした妥協に過ぎなかった。一九七〇年代にスタグフレーションに直面し、実践政策論としてのケインズ経済学への信頼が失われていく一方、フリードマンより新古典派のロジックを徹底したロバート・ルーカスの合理的期待形成論が登場し、ケインジアンははっきり守勢に立たされる。サミュエルソンやトービンのケインズ経済学は価格硬直性を根拠なく「想定」しているだけであり、ミクロ的な基礎がない、とまで言われるようになる。[3]

「オールド・ケインジアン」

その後、ミクロ的基礎を持ったマクロ経済学として「ニュー・ケインジアン」が登場してくるが、サミュエルソンやトービンは、それと対照的に「オールド・ケインジアン」と呼ばれた。当然、「オールド」には、最先端のマクロ経済学からは遅れたものという揶揄《やゆ》が込められているのだが、トービンは「オールドで結構」という態度をとる。経済理論を弄んで自由競争市場の完全性や経済政策の無効性を導き出したところで、それは危険なイデオロギーにしかならない。また、「ない」と言われたケインズ経済学のミクロ的基礎こそ、トービンが一九五〇年代以来、懸命に追求してきたことである。

一九八一年にノーベル賞を受賞した後、自身の経済学者としての成長について書いたものから、彼の心境が分かる。

私は十分長生きしたので、五〇年前私自身が熱心なメンバーとなった革命が次第に正統主流派になり、さらに反革命の攻撃の目標となるその経過を、すべて目の当たりにした。政治的意見と経済学における流行の潮流は、私に反対するようになってきた。若い学問上の同僚の多くは、一九三〇年代に私や同時代の研究者が、古い古典派マクロ経済学に反旗を翻す改革の戦士であったのと同じく、新しい古典派マクロ経済学の熱狂的な唱道者である。経済上の問題の多くは同一であるが、環境はあの大恐慌の当時とはまったく異なっている。競合する各グループはそれぞれ、以前より十分な装備を持っている――われわれの学問はたしかに数学的・分析的・統計的手段《ツール》を改良してきた。私は経済学における現在の意見の分裂に絶望してはいない。われわれが研究対象とするテーマは、常に論争を通じて成長し進歩してきたのである。新しい統合が行われることが期待されるし、ひょっとするとそれは、私が生きているうちに実現するかもしれない。私自身決して第一線で後ろを見せたことはない。新しいものを学ぶことを望んでいるし、それにやぶさかではないが、私はなおも経済がどのように機能するか、いかなる政策が経済をより良く機能させるか、に関してのケインジアンの考え方は、今日でも適切であると思っているし、またそう主張している――もちろん、それはかつてケインズが書いたそのままの形ではなく、過去半世紀の間にケインジアン達が修正し、開発し、洗練してきた形においてなのである。[4]

一九八八年、トービンは長年勤めてきたイェール大学を退職するが、教育熱心な彼らしく名誉教授となっても教え続けた。二〇〇二年、コネチカット州ニューヘブンでその生涯を閉じる。享年八十四歳。

なぜ貨幣需要曲線は右下がりなのか？

トービンの業績の具体的な内容に入ろう。彼の業績はケインズ経済学に関わる理論と実証、政策論、計量経済学など幅の広いものであるが、なかでも特に重要なのは「ポートフォリオ理論」と「トービンのq理論」である。

「ポートフォリオ理論」とは、複数の種類の資産をどのような割合で保有すべきかを決める理論である。トービンはノーベル賞を受賞したとき、記者に業績の説明を求められ、「すべての卵を一つのカゴに入れるな、ということだよ」と答えた。複数の資産に分散して保有することでトータルのリスクを減らすということだが、確かにそれが彼のポートフォリオ理論の核心である。トービンが基礎を作ったポートフォリオ理論はハリー・M・マーコウィッツにより精緻化され、「どうすればお金をうまく増やせるか」という性格が色濃く出てくるが、トービンの関心はそこにはない。トービンの目的は、あくまでケインズ経済学のミクロ的基礎を固めることである。

では、トービンがケインズ『一般理論』（一九三六年）に何を加えて基礎固めをしたのか、見てみよう。ケインズ『一般理論』は、市場メカニズム（価格変化による需給均衡化）が資源を完全に利用するように機能するという従来の学説を否定した。ケインズ理論の要は「流動性選好理論」である。流動性選好理論に基づいて利子率が決まるならば、資源を完全に利用するように利子率が動いてはくれないのである。

ケインズの『一般理論』における流動性選好理論の説明は、以下のようなものだ。資産保有者は「貨幣」で持つか、「債券」で持つかを選択する。債券は利子を稼ぐことができるが、価格変動リスクがある。一方、貨幣は利子を稼ぐことができないが、価格変動リスクがない。貨幣で価値を貯えておけば、いつでも債券の形に変えることができる（流動性）。貨幣を保有する動機は「取引動機」「予備的動機」「投機的動機」に分類できるが、その内の投機的動機は、上記の「貨幣」「債券」の選択によるものである。従って、人々が将来の利子率をどう考えるか（将来の債券価格をどう考えるか）に依存する。利子率が高ければ（債券価格が低ければ）、将来は利子率が下がる（債券価格が上がる）と予想する人が多いだろうから、貨幣で持つ人は少ない。一方、利子率が低ければ（債券価格が高ければ）、将来は利子率が上がる（債券価格が下がる）と予想する人が多いだろうから、貨幣で持つ人が多い。従って、投機的動機による貨幣需要は右下がりの曲線で描かれるだろう。

以上のようなケインズによる投機的動機の理解は、そのままでは以下のような二つの理論的な曖昧さが残っている。第一に、利子収入を放棄してまで貨幣を保有する理由が明確でない。債券は値下がりする可能性もあるが、同時に値上がりする可能性もある。合理的な意思決定者ならば、値下がりだけを考慮して債券を持たないのは不合理ではないか？　第二は、利子率が下がる（債券価格が上がる）と予想する個人は、すべてを債券で保有するはずだが、それは現実的とは言えない。トービンは「ポートフォリオ理論」によって、これらの問題を解消しようとした。[5]

ポートフォリオ理論は、それぞれに予想収益率と価格変動リスクを伴った複数の資産を組み合わせて保有する方法を明らかにする。当然、貨幣も、ポートフォリオに組み込まれる資産のなかの一つと考えることができる。とすると、個人の合理的な選択の結果として、資産の一部を貨幣に充てることになる。利子率が高いほど、リスク回避のために放棄しなければならない収益が大きくなるので、貨幣保有は少なくなる。つまり、各個人の合理的行動によって、各個人の貨幣需要関数が右下がりに引かれる。社会全体の貨幣需要はその総和として、やはり右下がりになる。

据えどころのない不安

トービンによる右下がりの貨幣需要曲線の説明は、個々人の合理的な意思決定をベースに組み立てられていて（それが新古典派の王道である）、たいへんに分かりやすい。だが、次の二点において、ケインズ『一般理論』の精神から外れている。第一に、トービンの理論は、それぞれの資産の予想収益や価格変動リスクが分かっていることを前提としている。だが、ケインズは確率が分からない世界、つまりリスクとは区別される不確実性の下での意思決定を問題にしている。流動性選好は、たんに利子率変動の予想に基づくものではなく、捉えどころのない不安の尺度でもあるのだ。トービンの理論は、流動性選好のその側面を捨象してしまっている。

第二に、トービンの理論のように個人の意思決定の総和として全体の需要曲線を導き出す方法でよいか、という問題がある。新古典派の方法に従えば、個人の選好と予算制約から、その個人の需要曲線が導出される。それは、他の人がどう行動しているかとか、過去の利子率（債券価格）がどのように歴史的に推移してきたかとは独立に決まる。しかし、実際の資産選択はそうではないだろう。利子率が高いとか低いとかいう判断は慣行的水準に比べて高いか低いかであり、相場の慣行が崩れるか崩れないかそれ自体が人々の行動次第である。ケインズは金融市場をそうした相互依存的な群集心理の世界と見ていた。第一で述べた「捉えどころのない不安の尺度」というのも、慣行を頼りにしなければ行動できないが、慣行の基礎自体が不安定である、という現実を反映している。

ケインズ『一般理論』の経済観は、新古典派の枠組みに収まりきらないのかもしれない。これは、トービンに限らず、サミュエルソンを筆頭とするアメリカ・ケインジアンに共通する問題だ。つまり、「新古典派をベースにしつつケインズ経済学の理論的基礎を拡充する」という方向性で正しいのか、という根本的な疑問である。

「トービンのq」

トービンの主要な業績として知られる「トービンのq理論」は、株価が実物投資決定に及ぼす影響を理解するための概念である。[6] ある企業の株式時価総額（株式市場でその会社を丸ごと買うための金額）を、その企業が持っている資産を再び買うために必要とする金額で割った数値が「トービンのq」である。株式の時価総額が一千億円、その企業の持っている資産を普通に市場で購入するのにかかる金額が八百億円だとしよう。このとき q＝1.25 である。なぜ、同じ会社の資産を買うための金額が、株式経由と実物再購入で異なるのだろうか？ それは、この会社が実物投資を百億円することには、将来収益の観点からすれば百億円以上の価値があるからである。言い換えれば、この会社は、平均的収益率よりも高い成果を上げる力を持っていると思われている。ということは、qが1より大きいときには、その企業は実物投資を拡大しようとするだろう。逆に、この企業が普通以下の収益率しか稼げないのであれば、q＜1となるだろう。この場合、実物投資はせず、資金回収に努めようとする（実物資本を縮小する）だろう。

この理論は、先に述べたように、株価が実物投資決定に及ぼす影響を理解しようという目的を持つ。つまり、「株式市場（金融）→実物投資（実物）」の因果順序を前提としている。不安定な動きを見せる株価が実物経済をも揺さぶる世界を描いている、と言ってもいい。これは、株式市場における投機が実物経済を振り回す危険性を指摘したケインズ『一般理論』の問題意識にきわめて近い。

しかし、トービンのq理論が主流の経済学のなかに素晴らしい業績として記録されているのは、上記のような問題意識においてではない。彼の理論が、新古典派の投資理論のなかにピタリと収まるからである。新古典派の標準的な投資理論では、現在の資本ストック量と最適資本ストック量に差があるとき、その差を一気に埋めるように投資を行うのではなく、徐々に時間をかけて最適量に向かうと考える（資本ストックを大きく変更するほどコストがかかるという理屈でそうする）。すると、最適量に向かって増加している場合$q>1$、減少している場合$q<1$と表現できるのである。

トービンのq理論が新古典派の経済観のなかで解釈されるとき、トービンが持っていた問題意識は骨抜きになる。新古典派の描く世界では、将来も含めたすべての時間上の資本ストック量はすべてお見通しであり、各時点のフローとしての投資はそのストック変化の経路を順調に進むことでしかない。確実に進む資本ストック経路をお見通しのうえで、それを反映した株価が付いている。つまり、株式市場は実物経済の鏡になっている。この世界では、トービンの元々の問題意識——金融市場が実物経済に影響を及ぼすメカニズムを解明する——自体が成立しないのである。

かくして、前項と同じ結論に到達する。ケインズやトービンが持つ問題意識は、新古典派の枠組みには収まらないのである。にもかかわらず、新古典派をベースにケインズ経済学の理論的基礎を拡充させようとするところに、トービンの苦労がある。[7]

トービン税

トービンの問題意識や着眼点は、ケインジアンとして至極まっとうなものばかりである。だが、新古典派の枠組みに収まりきらない。その一例として、有名な「トービン税」を挙げよう。

トービン税とは、すべての国際金融取引に低率の税を課し、投機目的の取引を抑制しようとするものである。[8] 低い率で課すので、輸出入などで必要な為替取引を阻害することはない。一方、短期間に何度も売買する投機的な取引には負担が大きい。だから、トービン税によって投機が抑制されるのである。

トービンがこの提案をした一九七〇年代は変動相場制への移行期であり、為替相場の変動に乗じた投機的取引が拡大することが見込まれた。実物経済を反映しない投機的取引が為替相場を不安定に動かしてしまえば、輸出入・直接投資・長期的国際金融に混乱をもたらすであろう。従って、そうした攪乱《かくらん》的な投機は抑制した方がいい。この当たり前のような観点は、変動相場制が定着し、根拠もなく上下に動く為替相場に適応しながら生きていくことに慣れた現在においても、やはりまっとうである。いや、一九七〇年代当時よりも国際金融の自由化が進み、実物経済取引を圧倒的に上回る金額が毎秒世界を飛び回っている現在においてこそ、妥当性が高まっていると言ってもいい。実際、金融のグローバル化が問題を起こすたびに、トービン税を採用すべきだという声が上げられてきた。

だが、トービン税は、経済学主流派にはなかなか受け入れられない。その理由は、徴税体制を全世界で整えるのが実務的に難しいからだけではない。おそらく、投機を問題視することそのものが、主流派＝新古典派の経済観と適合しないからである。新古典派の考え方によれば、ストックの価格は実物経済の鏡として付けられるのであり、それを売買する人たちの思惑（需要・供給）によって付けられるのではない。現実にはストックの価格を上下に大きく偏らせる投機が起こることがあるけれども、それらは一時的なブレでしかない。投機が価格変動を拡大させているというのは一部だけを見た偏見であり、実際は投機が真実の価格に近づける、つまり安定化の役割を果たしているのだ、というのが主流派の投機観なのである。だから、トービン税はいつも掛け声だけに終わる。

トービンという経済学者の業績を振り返ると、そのケインジアン的な問題意識のまっとうさに、私は共感する。だが同時に、彼が理論的基礎を追求すればするほど、元の問題意識の純粋さが薄れてしまうという構造が見え、哀しくなる。

ソロー（一九八七）

幸運な出会い

ロバート・M・ソローは、一九二四年、ニューヨークのブルックリンに生まれた。両親はともに移民の子で、高校を出るとすぐに働かなければならなかったという。彼は地元の高校で優秀な成績を収め、ハーバード大学への奨学金を獲得した。一九四〇年に入学し、経済学ばかりでなく、社会学・人類学・心理学も学んだ。「大不況期に育った子供たちは、みな社会がどう動いているかに関心があった」と彼は述べている。だが、このときにはまだ経済学の道に進もうとは思っていない。当時、ケインズ『一般理論』やヒックス『価値と資本』（一九三九年）が経済学に新風を吹き込み、サミュエルソンやトービンが在籍する大学院レベルでは活気ある議論が行われていたはずだが、学部にいたソローにはその熱気は感じられなかった。ソローには、旧態依然の経済学を教える年配の教授陣しか見えず、いま我々の目の前で起こっていることを経済学は捉えていないという印象をもった。そこで、一九四二年、もっと重要で面白いことがあると思い、大学を離れて軍隊に加入した。戦争が終わるまでの約三年間、ほとんどイタリアにいた。

一九四五年九月、軍隊から戻り、じっくり考えることもせず、卒業するために経済学専攻とした。三年生にはチューターが割り当てられ、週一時間ほど会って話をするという制度があった。幸運なことにそのチューターは、産業連関分析で有名なあのレオンチェフであった。ソローは、レオンチェフから、現代経済理論の中身を教わるだけでなく、経験を大事にする精神を学んだ。ここが、経済学者への道を選択するターニング・ポイントだった。

大学院に進んで一九四九年に修士号をとり、一九五〇年からMITで教鞭をとった。またしても幸運なことに、隣の研究室にサミュエルソンがいた。経済学上の関心も政治的立場も近い彼らは、まさに盟友となった。「ソローとサミュエルソンの知的なパートナーシップは、経済学の歴史のなかで最も生産的な関係として評価されなければならない」、とMITの同僚が述べている。

一九五〇年代、ノーベル賞の授賞理由になった成長理論への決定的な貢献をなした二つの論文が書かれた。一つは、「経済成長理論への一貢献」(一九五六年)で、新古典派成長理論のきわめてシンプルな定式化である。もう一つは、「技術変化と集計的生産関数」(一九五七年)で、経済成長の要因を分析する方法を切り拓き、経済成長の大部分が技術進歩によってもたらされると示した。ここから全要素生産性（ソロー残差とも呼ばれる）という概念が生まれ、成長会計と呼ばれる成長の要因分析が展開された。どちらの論文も、その後の経済成長理論に決定的な影響をもたらした。

ケンブリッジ資本論争

その後も自身の成長理論に磨きをかけ、特に「資本」を理論的にどう捉えるかに重きを置いた。資本を作られた時期によって区別する「ヴィンテージ・モデル」は、新しい資本が新しい技術を体化しているという考えに基づくもので、技術進歩と資本蓄積の関係を捉えることを目的としている。

また、新古典派的な集計的資本概念に対するイギリスのケインジアンから投げかけられた批判に、サミュエルソンとともに新古典派側に立って闘うことになった。イギリスのケンブリッジ大学とアメリカのマサチューセッツ・ケンブリッジの間の論争なので、「ケンブリッジ資本論争」とも呼ばれる。イギリス側の批判の要点は二つである。第一に、新古典派の資本概念は、資本形成が歴史的時間のなかで行われる不可逆な決定であることを捨象していること。第二に、利子率が低くなるほど高い資本集約度の技術が選択されるというスムースな技術的代替関係は、資本を集計的資本Kと考えるから成り立つのであり、資本が具体的な複数の財から成るモデルで考えれば理論的に成り立たないこと（同じ技術が高い利子率と低い利子率の両方で最適になりうる）、である。「ヴィンテージ・モデル」のように、資本の中身の理論化に腐心したソローが、資本の中身を考慮していないとして批判される側に立たされたのは、皮肉なことである。論争は不毛であり、ソロー自身「ケンブリッジ資本論争の罠にはまった」と後悔している。

ケネディのスタッフとして

一九六一年、ケネディ政権の大統領経済諮問委員会（ヘラー、ゴードン、トービン）に、スタッフとして加わる。ヘラーが率いるチームは各々が立派な仕事をし、ケインズ経済学の実践を支えた。特に一九六二年の『経済報告』は、これから何をどのように目指して政策を行っていくかのケインジアンの宣言として、画期的であった。現在から見て注目すべき点は、総需要不足の問題とは別に、供給サイドの強化について述べていることである。具体的には、財政赤字による総需要の穴埋めよりも、財政は黒字基調にし、低金利政策によって投資を強化する方向で完全雇用を実現しようとしていた。ケインジアンに対して「短期的な需要サイドの問題だけに注目し、長期的な供給サイドの問題を十分に見ていない」という批判が当時も以後もよく見られたが、彼らは元から決して供給サイドを無視などしていなかったのである。それは、成長理論を視野に入れていたソローやトービンにとって、当然のことであった――「成長理論ボーイがどうして供給サイドを忘れることがあろうか！」とソローは後に述べている。[9]

政策に関与する以前、一九六〇年にソローとサミュエルソンは共著で、フィリップス曲線――インフレ率と失業率のトレードオフ関係――を政策に利用する考えを提示していた。一般には、ケインジアンは固定的なフィリップス曲線を前提にしており、インフレ期待によってフィリップス曲線が移動することを考慮していなかった、と言われている。しかし、すでに一九六〇年の論文の時点でフィリップス曲線は固定的ではないことが論じられていた。さらに、実際の政策（経済諮問委員会の勧告）

でも、インフレを起こさないで失業率を下げることが目標に掲げられており、決してフィリップス曲線を固定的とは考えていなかった。こうした事情を知っているソローにとって、フリードマンたちのケインズ反革命の動きは「薄っぺらい議論」にしか見えなかった。フリードマンは長期フィリップス曲線は自然失業率で垂直になるなどと言うけれども、それは理論的にも経験的にも正当化できない。失業率の長期的水準それ自体、歴史・制度・態度・信念に依存するものと捉えるべき、というのがソローの考えである。実にまともだ。

ソローは、レオンチェフの教えに従い、つねに経験を重視した。経験と遊離した理論構築は、いかに理論がエレガントであったとしても意味がないと考えた[10]。だから、成長理論が技術進歩を内生化したモデル構築――内生的成長理論――に向かったとき、ただモデルを作るだけではダメなのだと反対した。

彼は、経済理論の世界での流行に決して動じなかった。マクロ経済学が真に論ずべきことに、揺るぎない確信があったからである。満足な均衡から長い間離れてしまうことがあり、それがどういう契機で起こるのかを解明するのがマクロ経済学だ。大不況時代に育った経済学者には、これは当たり前の感覚であった。しかし、若い経済学者たちは、もはやそのような感覚を持っていない。理論なく時系列データを分析し、経験的根拠なく理論を展開することに、疑問を感じていない。ソローは、それを危惧し続けている。

一九九五年にＭＩＴを退職したけれども、経済学者として未だに現役である。多くの人々が（私を含めて）、彼の良識ある、ときに歯に衣きせぬ発言を、信頼している。

アメリカの一人当たりGDPの推移（1870年～1990年）

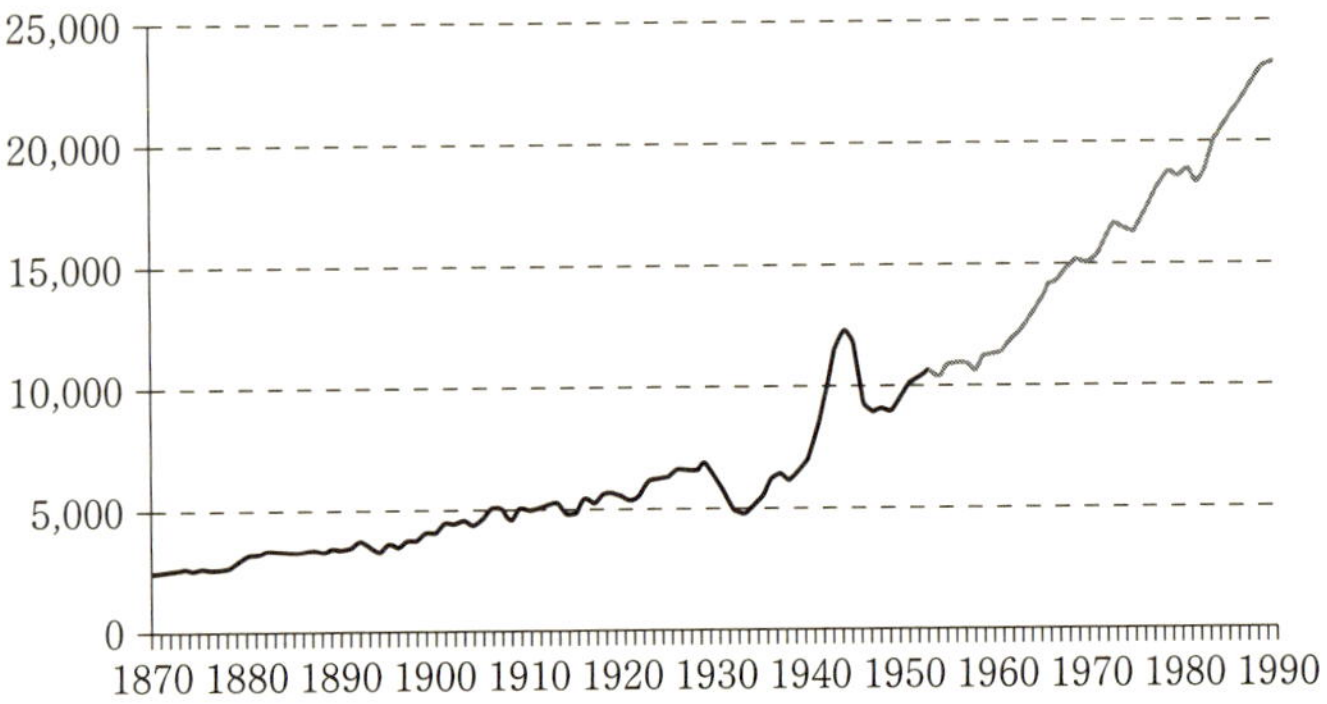

図2-1

恒常成長という「事実」

一九五六年の論文でソローが示した新古典派成長理論は、完全雇用を保ち、安定的に成長を続ける経路を描いている。市場の自動調整機能が発揮されるのだから、おおよそケインジアンらしくないモデルである。にもかかわらず、ソローが新古典派成長理論を構築した理由は、何だったのだろうか？　それは、当時の経済成長理論では「現実」を説明できないからである。

ソローは、「経済は趨勢《すうせい》で見れば恒常成長している」という事実を重視した。経済は一九三〇年代のように大きく落ち込むこともあるけれども、失業率が増加して止まらないということはない。景気が良くて労働力不足のときもあるが、それも永続はしない。つまり、平均的にみれば恒常成長を続けているのである。

図2-1は、アメリカの一人当たりGDPの推移である。[11]参考のためにソローが論文を書いた一九五〇年代以降も載せているが、ここでは一九五〇年代半ばまでを見てほ

しい。大不況や戦時経済によって趨勢から離れるものの、それを均せば一人当たりＧＤＰは恒常成長している。失業率が高い時期もあったが、低い時期もあった。均せば、そこそこ完全雇用に近い水準で成長してきた。つまり、長期的には経済の潜在能力がフルに発揮される「自然成長率」を達成してきたと言えよう。

ところが、第二次大戦後の代表的な経済成長の定式化であるハロッド＝ドーマー・モデルでは、完全雇用に近い恒常成長という経験的な事実を説明できない。[12] ハロッド＝ドーマー・モデルでは、恒常成長率は貯蓄率 s と必要資本係数 v（産出量価額1に必要な資本の価額）によって決まる。例えば、貯蓄率が20％、産出量１００兆円のために資本が２００兆円必要（必要資本係数２）ならば、成長率が10％であれば、資本がちょうどよく稼働する。しかし、経済の潜在的な成長力（自然成長率）は、人口増加率と技術進歩率という恒常成長とは別の要因によって決まるので、偶然を除いて恒常成長率と一致しない。恒常成長率10％で自然成長率が７％ならば、自然成長率を達成しているとき、慢性的な需要不足（資本の稼働率が悪い）であろう。逆に、自然成長率が恒常成長率10％よりも高い12％ならば、自然成長率を達成しているとき、慢性的な需要超過（資本の稼働率が高い）で、労働力が不足するであろう。

実際には平均的には自然成長率が達成され、慢性的需要不足も慢性的需要超過もないのだから、ハロッド＝ドーマーの恒常成長の条件はどこかがおかしい、とソローは考える。条件を構成するのは貯蓄率と必要資本・産出比率だから、どちらかが間違っているはずだ。ソローは、必要資本・産出比率 v が固定されているのがおかしい、と考えた。資本を多く使う技術もあれば、少なく使う技術もある。貯蓄が余っていれば資本集約度の高い技術が採用されるだろうし、貯蓄が足りなければ資本集約度の低い技術が採用されるだろう。だから、vを固定して考えるのは間違いだ、とソローは言う。

技術選択の調整は、次のように自動的に行われる。資本量をK、労働量をLとして、マクロ的な生産関数$Y = F(K, L)$を考えよう。理解しやすくするために、この生産関数を一人当たりに書き換えよう。$Y/L = y$、$K/L = k$という記号を使えば、生産関数は$y = f(k)$となる（図2-2の太い右上がりの線）。貯蓄率sは一定とすると、全体の貯蓄はsYであり、労働者一人当たりにすると、syである（図2-2の細い右上がりの線）。この経済の人口増加率がnだとしよう。人口増加分を支える資本の増加はnKである。労働者一人当たりに換算すればnkである（図2-2の右上がりの直線。ここでは、単純化のため、成長は人口増加だけによるものとし、技術進歩を考慮しない）。

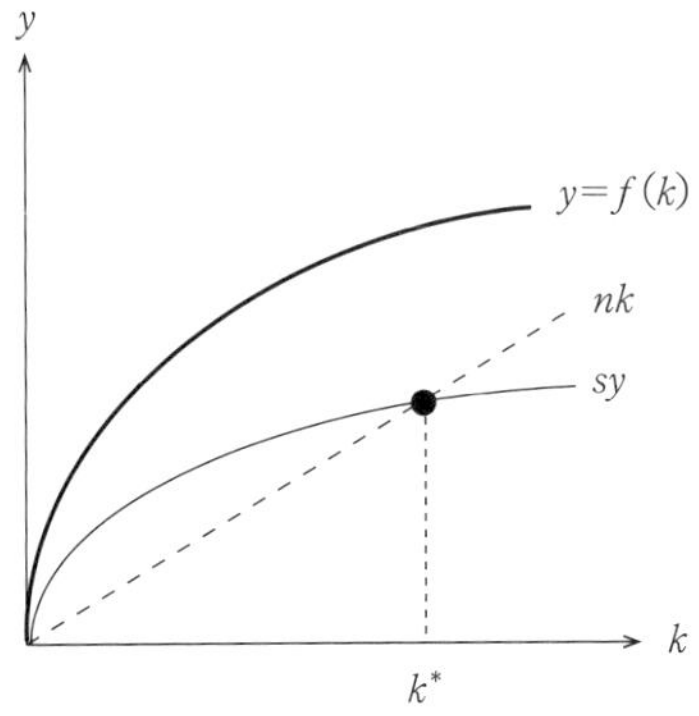

図2-2

このグラフから、一人当たり資本量kがk^*よりも小さい場合、人口増大を支えるのに必要な投資量nkを上回る貯蓄があることが分かる。貯蓄は投資される（資本量を増やす）ので、一人当たりの資本量kが増加する。逆に、一人当たり資本量kがk^*よりも大きい場合、人口増大を支えるのに必要な投資量nkを下回る投資が行われ、kは減少する。よって、kはk^*に向かって収束することになる。かくして、自動的に人口成長率と同じ成長率（つまり自然成長率）が達成される。

このように技術選択が行われれば、恒常成長率が自然成長率に一致するように v が動くことになり、先ほどのハロッド＝ドーマー・モデルが抱える問題は解決する。これが、ソローの新古典派成長モデルである。

長期と短期の統合問題

ソローは、恒常成長という事実を説得的に説明できるモデルとして、新古典派成長モデルを提示した。だが、このモデルに描かれる経済は、あまりにもうまく行き過ぎである。貯蓄に等しいだけの投資が自動的に行われ、資源の完全利用が達成される。これは、投資不足によって有効需要が過少になり、資源が完全に利用できないケインズが描いた経済とは真逆である。

長期には新古典派、短期にはケインズということなのか？　しかし、新古典派的調整メカニズムを否定したところにケインズ経済学があるとすれば、新古典派とケインズは、果たして接合可能なのだろうか？　ソローの場合、それは未解決問題とされている。ノーベル賞受賞講演での彼の言葉を聞いてみよう。

このように技術の記述に焦点を合わせたこと［生産要素比率の可変性による恒常成長の説明］には、一つの悪い副作用が伴った。それは、有効需要の問題に私があまりにも僅かな注意しか向けなかったと思えることである。別の言い方をすれば、均衡成長の理論は均衡成長経路からの乖離に関する理論を大いに必要としていたし、今でもそれに変わりはないということである。……

長期と短期のマクロ経済学をどう統合するかという問題は、未だ解決されていない問題である。[13]

有効需要の問題を短期に押し込めて、長期には市場メカニズムが機能するから問題ではない、といったお気楽な解決はできない。言い換えれば、「短期には市場メカニズムがうまく働かないことがあり、有効需要の過不足が発生するけれども、長期には市場メカニズムが働き、資源は完全利用されるのだ」というよく聞く考えには乗れない、とソローは考えているのだ。さらに、ソローの受賞講演の言葉を聞いてみよう。

一九七九年以来のヨーロッパの経済大国の歴史に例示されるような、均衡成長からの四半世紀を超える実体的な乖離を見るならば、均衡成長経路それ自体が短中期の経験から影響を受けないと考えるのは不可能である。……「価格は長期的には伸縮的である」という言い慣わされてきた理由によって、経済は究極には均衡経路に戻るかもしれない。しかし、もし戻るとしても、そして事実上戻った場合にも、それは逸脱する前と同じ均衡経路の延長上には戻らないだろう。新しい均衡経路は、不均衡の期間に行われた資本蓄積の大きさに依存し、おそらくはまたその間の失業の量、特に長期的失業の量にも依存するだろう。もし、技術の変化が恣意的に生じるものではなく、内生的なものであるならば、技術水準さえ前とは違ったものになるだろう。[14]

企業が積極的に投資し、人間が一生懸命働き、できることのフロンティアが広がる。逆に、有効需要の不足によって企業が投資を控え、多くの人が失業していれば、それは長期的な損失である。人と企業の潜在能力の成長は天与ではなく、また、「市場に委ねよ」といったくだらない格言によって引き出されるものでもない。適切な有効需要なしに、潜在能力の成長もない。ソローは、やはりケインジアンなのである。

ソローのケインジアン的側面と新古典派成長モデルの内的論理との距離が、人々にあまり理解されていないのは、残念なことである。

3　自由市場主義者

偉大なる師ナイト

スティグラーとブキャナンは、シカゴ大学でナイトの影響を受け、熱烈な自由市場主義者になった。一九三〇年代の大恐慌を目の当たりにし、経済学の力でそれを理解し、何とかしなければと考えたケインジアンたちとは対照的である。では、そのナイトとは、いかなる人物だったのだろうか？

フランク・H・ナイトは、一八八五年、イリノイ州の農家に生まれた。[15] 実家の農場を手伝うために、少年期は満足な教育を受けられなかった。実務的知識を身に付け、アルバイトをしながら、一九一一年にようやくミリガン大学で哲学の学士号を取得する。一九一三年にはテネシー大学の文学修士号を得た後、コーネル大学で経済学を専攻し、一九一六年にPh. Dを取得した。この博士論文を基に一九二一年に出版された『リスク・不確実性および利潤』が、ナイトの最も有名な著作である。そこで、ナイトは、保険数理的な確率で捉えられる「リスク」と、それでは捉えられない「不確実性」を区別し、後者に対処する報酬として利潤を位置づけている。これは、経済理論における完全競争と現実の競争の違いを捉え、利潤の存在理由を説明するものである。

『リスク・不確実性および利潤』に見られるように、ナイトは、新古典派正統の経済理論の中身を精査することで、自由競争市場の機能を明らかにしようとした。彼は、自由な市場競争の機能を高く評価する経済学の伝統を継承した。一方で、政府の介入によって経済を改善できるという考えに慎重であった。第二次大戦後、自由主義を守らんとする知識人の団体「モンペルラン・ソサエティ」(一九四七年設立、初代会長はハイエク)に副会長として参加していることから見ても、経済に計画・管理を持ち込もうとする世の中の風潮に反対する姿勢は明白である。

しかし、ナイトは、自由市場に任せておけばよいという楽観主義者ではなかった。自由市場は理想通りの機能を必ずしも果たさない。また、理想通りに効率性を達成したとしても、人間的価値の観点――倫理的・審美的・人間能力形成的な観点――からすれば、それが社会としてよい状態であるとは言えない。だから、自由社会は、自由放任主義(財産権と経済的自由の保障、政府不介入)のような単純な原理ではうまくいかない。自由社会は、自由な「経済」と社会的合意に基づいて自由を制約する

「政治」が、適切に組み合わさる必要がある。

ナイトは、この適切な組み合わせが成立するのは、かなり難しいと見ている。「政治」の部分は、真理を探究する意志と知性を持った人々の自由で開かれた議論によって、民主主義的に合意を形成していかなければならないが、現実に社会を構成する人間は、そのような立派な資質を生まれながらに備えているわけではないからである。ここでナイトが求めている資質は、多くの知識や正確な推論能力のような「頭の良さ」ではない。常識をわきまえ、知識の限界を知ることが求められている。言い換えれば、できもしない理想を掲げて現状に不満を抱き、変えなければならないという情熱を持ってはならない、ということである。冒険心、衝動、熱狂を冷まし、特定の信念を妄信せず、つねに批判的姿勢を崩さない知的な態度こそが、自由社会に必要な資質・美徳なのだ。

人々がこの「冷めた知性」を磨き、民主主義的な議論を経てどんな価値や人間資質を大事にすべきかを合意し、それを育むための枠組みを冒険的ではない確実性の高い形で描き、社会をよい方向へと変えてゆく。これが、ナイトの理想であろう。彼は、奥底に理想を秘めつつも、冷めた知性を貫いた。スティグラーとブキャナンは、ナイトの冷めた知性を見ながら育った。彼らは、大企業批判やケインジアン的情熱に染まらなかった。そして、彼らは、偉大なる師ナイトの思想・精神の継承者たらんとし、それぞれの方法で政府介入主義・ケインズ主義と闘った。以下では、彼らがどのように時代の潮流に抗したのか、そしてそれが本当にナイトを継承しているのかを論じよう。

スティグラー（一九八二）

批判精神を継ぐ者

ジョージ・J・スティグラーは、一九一一年、シアトル郊外のレントンで生まれた。[16] 父はドイツ・バイエルン州から、母はハンガリーからの移民であった。父は禁酒法以前にはビール醸造業、以後はさまざまな仕事を経て、シアトルで不動産業をしていた。大恐慌でシアトルが大打撃を受けるなか、荒れ地を買い、整地して売り払った。果敢にリスクをとる性格で、経済的に成功していた。アメリカは激動の時代であったが、スティグラーの若い頃の回想には、全く悲壮感がない。地元のワシントン大学に入学するが、彼曰く「のんきな学生」であった。商売に役立つ経営学関連の科目を多くとり、一九三一年によい成績で卒業するが、この時にはとくに学者になる意志はなかった。ノースウェスタン大学に進学し、啓発的な教師と出会って経済学を研究する意志が少しずつ形成された。一九三二年に修士号を取得し、翌年から特に明確な理由もなくシカゴ大学に進んだ。

シカゴ大学では、指導教官であるナイトの強い影響を受けた。ナイトは、愛すべき、負けず嫌いの奇想天外な人物であったが、そのような個人的性格を超えて、彼の真理を追究する厳格な姿勢が、自然と偉大さを醸し出していた。真理の前では権威も名声も役に立たないという態度は、必然的に既存の信念への飽くなき批判に結びつく。スティグラーは、ナイトからこの辛辣な批判精神を引き継いだ。

ナイトとサイモンズ［ナイトの弟子］が私に、ある一つのことを教えることに成功した――実際、教わり過ぎた。それは、偉大な名声や高い地位など、科学的な仕事における評価とは関係ない、ということだ。[17]

スティグラーは経済学史に関心があり、「生産と分配の理論：その形成期」で博士号を取得した。一九三六年からアイオワ州立カレッジで教鞭をとり、二年後、ミネソタ大学に移った。一九二九年以降の大不況、一九三三年からニューディール政策、そして一九三六年にはケインズ『一般理論』が出版されている。スティグラーは、この不況を何とかしたいと思わなかったのだろうか？　マクロ経済学に関心を持たなかったのだろうか？　彼は、意図してその流行に関与するのを避けたのである。

恐慌が差し迫ったものになると、それを論ずる新しい理論が誰かによって提出され、そしてその理論は、科学的過程の精神ともいうべき熱のこもった審理を受けないで、他の人々によって容認されたり否定されたりしている。その審理とは新しい理論が実際の経済事象を説明することができるかどうかをめぐって行われる精緻で執拗な吟味、真剣な討論、および検証の反復のことである。こうした審理を十年間、あるいは二十年間に足りない年月しか受けることなく、重要な経済理論が成立することは異例である。[18]

まさに、ナイトの批判精神を継いだ者のなせる業である。

ニューディール批判

身近なところで言えば、スティグラーは、我が物顔で経済に介入するニューディーラーたちに、心の底から嫌悪感を抱いていた。例えば、第二次大戦中（一九四二年）、物価統制局の前身組織に所属し、自己の信念に従い、物価統制そのものに反対した。物価統制官ジョン・K・ガルブレイスの到着により、完全に葬られた。だが、その考えは、ガルブレイスが大企業の価格支配力に対抗して辣腕を振るったこと――そしてそれが彼の後の著作の経済認識＝大企業支配・テクノストラクチャ論に活かされること――は有名である。スティグラーは、分かりもしないものを分かっているかのように振舞う愚者たちの世界からさっさと離れ、フリードマンもいるコロンビア大学統計調査研究班でオペレーション・リサーチの先駆的な仕事に加わった。

第二次大戦が終わるとミネソタ大学に戻り、直ぐに一年だけブラウン大学にいた。その一九四七年春、ハイエクが開いたモンペルラン・ソサエティの最初の会合に、ナイト、フリードマン、アーロン・ディレクターとともに参加している（ノーベル経済学賞受賞者でいえば、後に述べるモーリス・アレも最初の三十九人のメンバーの一人である）。

スティグラーは、一九四七年からコロンビア大学で経済理論、産業組織論、ヨーロッパ経済思想史を教えた。この担当科目は、そのまま彼の学問的な関心を反映している。彼は、ミクロ経済学の理論と実証に関心を持ち、特に「寡占・独占という悪が世を覆っており、市場における競争が衰退している」という流行の見解の批判が、彼の仕事の中心であった――この産業組織論の内容は後に述べる。

一九五八年、スティグラーはシカゴ大学に戻ってきた。フリードマンを中心とした「シカゴ学派」

が、明白に自由主義的な傾きを持った集団として人々に認知され始めた時代である。スティグラーは、この自由主義運動のミクロ経済学部門の筆頭として、「市場は人々が考えているよりずっとうまく機能している」と訴え続けた。例えば、その後の「サーチ理論」の端緒となった「労働市場における情報」（一九六一）では、失業を情報探索の期間と捉えた。それは、ケインズ経済学が想定するような非自発的失業という概念を否定することであり、また賃金の格差は市場の不完全性に由来するのではなく、情報探索コストに由来する、と説明されるのであった。

市場を擁護するスティグラーは、当然ながら政府が市場に介入することに反対した。公的規制は一部の生産者たちが自分たちの利益のために行うものであり、消費者の利益にはならないということだ。それを実証的に研究したのがスティグラーであり、政治的意思決定の観点から研究したのが後に述べるブキャナンであった。

政府の役割を小さくし、できるだけ市場に委ねようというシカゴ学派の考え方は、フリードマンとスティグラーの積極的な貢献によって徐々に地歩を固め、一九八〇年代には主流が逆転した。政府介入主義という流行に乗らず、経済学の原則的立場（自由競争市場は機能する）を守り通したスティグラーは、晩年の回想で自信満々である。

ハーバード学派vs.シカゴ学派

一八七〇年代以降、急速に発展したアメリカ経済は、重工業・重化学工業の著しい発展とともに企業規模が大きくなり、寡占化・独占化が進んだ。大企業が合法・非合法のあらゆる手段を尽くして独占を形成し、市場を支配し大儲けをしているというイメージは、かなり一般的なものであった。端的に言えば、大企業があくどい方法でぼろ儲けしているという不満があった。しかし、経済理論が想定する完全競争は、一つの産業に多数の企業が存在することを前提としていた。寡占化・独占化の実態を反映した理論を構築し、その競争抑止がどれだけ健全な市場競争を損なっているかを暴こうとするのは、経済学者の自然な流れであった。

エドワード・チェンバリンの独占的競争理論――著作でいえば一九三三年――は、完全競争とは異なる市場の姿を描こうとする努力であった。ポール・スウィージーは、寡占によって価格が硬直的になることを屈折需要曲線という概念で説明した。そして、こうした寡占という悪と闘うための経済理論は、ジョー・ベインを中心とするハーバード学派の産業組織論という形で具体化した。

ハーバード学派の産業組織論は、SCPパラダイムと呼ばれる。市場構造（Structure）が市場行動（Conduct）を規定し、その結果が市場成果（Performance）になるという因果関係で市場を見る。言い換えれば、①少数の企業によって市場が占められている（集中度が高い）ほど、参入障壁が高く、競争が働かない。②顧客を囲い込んだり、価格をつり上げたりする。③利潤率が標準的な水準より高くなり、生産性向上や技術革新が弱まる、ということである。この「S→C→P」の因果関係で市場を捉えるならば、健全な市場競争を機能させるために、集中度を抑える必要がある。よって、反トラスト政策（独占禁止法）によって、大型合併を禁止したり、独占企業を分割したりすることが正当化される。実際、第二次大戦後しばらくはハーバード学派の産業組織論の強い影響のもとに反トラスト政策が実施されていた。

この流れに真っ向から挑戦したのが、スティグラー＝シカゴ学派の産業組織論であった。スティグラーは、少数の大企業が市場を占める寡占であっても競争は働く、ということを立証しようとした。大企業で占められた寡占市場には参入障壁があり、新規参入による競争は働きにくい、とハーバード学派は考える。だが、本当に長期持続的な参入障壁なるものがあるのだろうか？　技術が進歩し、新商品も次々と現れてくる現実を考えれば、現在参入障壁と考えられる要因も、五年後、十年後には全くそうではなくなっているだろう。政府が人為的に障壁を設けていない限り、新規参入の可能性はつねに開けている。盤石・不変に見えた寡占市場が、十年もすれば変わっているという事例はいくつも挙げられる。もちろん、ほぼ同じ企業たちによる寡占が長く続くケースもある。だが、そうしたケースをよく観察してみると、競争を怠って生産性向上も技術革新も起きていないということはない。むしろ、生産性向上と技術革新を実行できたからこそ、寡占の一角としての地位を保持できているのである。

こうしたスティグラーの見方によれば、市場集中度が高いことは、何の問題もない。高いシェアを獲得できた企業は、それだけ効率的なのだ。集中度の高い産業の利潤率が標準よりも高く、なかなか標準まで低下しないのも、生産性向上や技術革新のスピードが速いからである。逆に、そうした活発な産業でなければ、長期的に見れば利潤率は標準に引きつけられる。要するに、何もしなくても市場競争はちゃんと作用しているのだ。市場構造に介入して健全な市場競争を引き出そうとするハーバード学派の考え方は、スティグラーに言わせれば、全くの余計なお世話なのである。

スティグラーはナイトを継いだのか？

「独占＝悪、競争はいたるところで阻害されている」という常識が形成されるなかで、その常識が流行に過ぎないとして敢然と反旗を翻したスティグラーの態度は、いかなる権威にも負けないナイトの精神が感じられる。しかし、ナイトの真の継承者と言うには、二つの点で疑問がある。

第一は、市場がうまく機能したとしても、われわれにとって望ましい成果を生むとは限らないというナイトの観点を、スティグラーは一切持っていないことである。既に述べたように、ナイトの理想は、各自が自由を実質的に行使できる分配の下で、民主主義的な議論に堪えうる人間能力——市場を活用しなければならないという原則を理解した冷めた知性であることを含む——を培《つちか》い、そのなかで認められた価値を実現することであった。それは権威や国家が上から押し付けた価値ではないが、同時に市場というメカニズムから自動的に実現する価値でもない。市場の重要性を十分に認識し、市場の限界について無暗に語るべきでないことも認識しているけれども、なお理想について考えることをナイトは止めなかった。しかし、スティグラーは、「市場はうまく機能する」ということしか述べていない。市場経済がわれわれをどこに連れて行くのか、どうすべきなのか、という観点がそもそも存在しないのである。

第二に、スティグラーは、市場がうまく機能することを「完全に」論証したわけではない点である。彼は、市場がうまく機能しているとすれば起きているはずの現象が、実際に起きていると示した。長期的には利潤率は産業間で収斂していくとか、利潤率が高止まりしている産業では生産性向上が起きているとかは、長期的には競争がしっかり有益に作用していることを示す証拠だ。また、彼は、競争が阻害されているように見える要因について、必ずしも阻害されてはいないことを示した。例えば、寡占大企業は多額の広告費を払い、顧客の嗜好を操作して欲求を創造し、その結果、自社に囲い込まれた顧客に高い値段で売ることに成功しているという一般に流布している見解を、スティグラーは否定する。その際、広告には顧客が価格や品質を知るための情報コストを下げ、市場をより競争的にする機能があることを、証拠に基づいて論証する。確かにそのような機能はあるかもしれない。だが、すべての広告が競争促進的であることは論証できない。広告費は支払われているが、広告のすべてが競争抑止的ではなく、さらに長期的に見れば競争が作用している証拠があるから、広告費の大きさは問題ではないと言っているに過ぎない。

要するに、スティグラーの議論は「市場はうまく機能している」という前提にたった実証研究であり、市場がそもそもうまく機能しない側面がある場合――例えば情報の非対称性がある場合など――、それを抽出することはできない。にもかかわらず、スティグラーは実証的証拠に基づいて「市場は機能している」と結論づけ、政府の役割は最小にすべきという自由市場主義のイデオローグとなった。そこに、ひたすらに真理を追究するナイトの誠実さがあっただろうか？

晩年のナイトがフリードマンやスティグラーに不満を持っていたという、宇沢弘文《うざわひろふみ》が伝える逸話がある。[19] 一九六四年からシカゴ大学にいた宇沢弘文は、晩年のナイトと親交を持った。一九六五年、ナイトの八十歳の誕生日を祝う会がシカゴ大学で開かれた。司会はスティグラーである。サミュエルソン、アロー、クラインも出席していたが挨拶には一人も呼ばれず、フリードマン、スティグラーなどの自由市場主義者たちばかりが挨拶に立ち、一種異様な雰囲気になったという。ナイトは、自由市場主義のイデオローグたちに、その思想の源流・元祖として持ち上げられることに、不満を募らせていたのだろう。会の終わりにナイトが挨拶をした。「私はこの集まりの性格について事前に知らせてもらっていなかった。ただまわりの人々の動きから、多分私のお葬式の用意をしているのだと思っていた」、と。

さらに宇沢の回想は続く。「八十歳の誕生日のお祝いから、ひと月ぐらい経ってからだと記憶している。ナイト教授がみんなを集めてつぎのように宣言したのである。ジョージ・スティグラーとミルトン・フリードマンの最近の言動は目に余るものがある。この二人は、私の最初の学生であるが（二人とも博士論文をナイト教授の指導のもとに書いた）、今後、私の学生であったということを禁ずる、と」。この宇沢の回想について、真偽を問題にする意見もある（例えば、フリードマンはナイトの指導で博士論文を書いていない）。だが私は、細かい部分は別にして、さもありなんと感じる。

いずれにせよ、宇沢の回想は傍証に過ぎない。私の言いたいことは一つ。スティグラーはナイトの最も重要な部分を継承していない、ということだ。

ブキャナン（一九八六）

ヴィクセル論文との出会い

ジェームズ・M・ブキャナンは、一九一九年、アメリカ南部のテネシー州マーフリーズボロの農家に生まれた。[20] 大恐慌の影響で家計に経済的余裕がなく、農場を手伝いながら通えるミドルテネシー州立大学に進学した。一九四〇年、トップの成績で卒業し、経済学専攻の奨学金を得てテネシー大学大学院に入学。一九四一年に修士号を取得したのち、海軍に入り、ニミッツ提督率いる太平洋艦隊に所属した。戦争が終わり、軍に残るか迷ったが、結局シカゴ大学の博士課程に行くことにした。シカゴでナイトの教えを受け、六週間で熱烈な市場秩序の擁護者になった。ここが経済学者ブキャナンの出発点である。ナイトもブキャナンと同じく貧しい農家の生まれで、恵まれたエリートたちへの対抗心や、その差を努力によってはねのけようとする向上心において、同じ気質を持っていたのだろう。ブキャナンは、ナイトから研究室で個人的な指導を受けた。真理を追究する妥協なき精神をもったナイトは、ブキャナンの学者としての手本となった。

一九四八年、ブキャナンはシカゴ大学で博士号を取得するが、博士論文を書き終わって気の向くままに図書館でいろいろ見ているとき、今後の研究の方向を定める決定的な出会いがあった。埃《ほこり》をかぶって本棚に埋もれていたクヌート・ヴィクセルの学位論文「財政理論の研究」（一八九六年）を見つけたのである。この論文は英訳もされておらず、まだ人々に知られていなかった。その論文でヴィクセルは、税を払い政府サービスを受ける個々人の利害という観点から、財政という集合的な決定を捉えていた。そして、その集合的決定が効率的であるためには、参加者の全会一致が必要であることを導き出していた。これらはブキャナンが考えていたことであり、彼の「公共選択論」の基本をなすアイディアであった。

ブキャナンは一九五五年〜五六年イタリアに留学した後、ヴァージニア大学に職を得て、トマス・ジェファーソン政治経済学研究センター所長兼教授になった。このセンターは、まだ非常にマイナーな分野であった公共選択論研究の拠点となり、関心を共有する若手研究者が集まってきた。ブキャナンは、一九五八年にセンターに来たゴードン・タロックと意気投合し、共著で『合意の計算法：立憲的民主主義の論理的基礎』（一九六二年）を出版した。その内容は、先に触れたヴィクセルのアイディアからの自然な展開である。簡単に要約してみよう。

公共選択論――多数決の「ツケ」

政治的な意思決定が、完全に自分の利益のためだけに行動するプレイヤーたちによって行われると考えよう。投票者は自分の利益のために選挙で候補者を選び、政治家は自分が当選するために投票者の利益になる法案の作成を約束する。議会の多数決で法律ができるとすれば、部分的な利益を実現するための法案が可決してしまう。法案の賛成者には小さな利益になるが、反対者には大きな損失がありトータルで見れば利益よりも損失が大きいかもしれない。また、多数決ルールで可決される法案は、過半数にとって利益になるものとも限らない。少数グループA・B・Cが、それぞれのグループの部分利益を実現する法案を持っていて、A・B・Cが結託すれば過半数になる場合、それらの法案がすべて可決される。こうした法案は、A・B・C以外のメンバーへの損失を意味することが多いだろう。つまり、多数決ルールは、トータルで見れば損失の方が上回っている法案を可決する可能性が高い。この問題を回避するためには、政治的な意思決定を「立憲的合意」と「通常の決定」の二段階に分け、通常の決定が従うべき上位の憲法的ルールを策定する必要がある。そしてこの憲法的ルールは、全会一致で採択しなければならない。

これぞ「公共選択論」のエッセンスである。市場において各プレイヤーが私利を追求しているのと同様に、政府＝共同的意思決定においても各自が私利を追求している。そして、市場が私利を調整するシステムであるのと同様に、政府も私利を調整するシステムである。但し、市場は自由な行動を認めることでかなり効率的に機能するのに対して、政府の意思決定は部分利益の獲得を野放しにしてしまえば、外部不経済をまき散らすかなり不効率なシステムである。だから、憲法的ルールによって縛られなければならない（例えば、保護関税という部分利益の実現を阻止するために自由貿易の原則を憲法的ルールとして制定しておく）。この考え方に基づけば、政府の活動領域はきわめて限定的な公共財（すべての人に利益になるもの）の供給に限られ、それ以外は市場を使うべしということになる。「公共選択論」は、そのアプローチからの必然として、自由市場経済を擁護する傾向を持っている。

ブキャナンは、一九六九年から一九八三年までヴァージニア工科大学、一九八三年からはジョージ・メイソン大学と移るが、つねに彼のいるところが公共選択論の中心地であった。『合意の計算法』以後、一九八〇年頃まで、ブキャナンの仕事のほとんどすべてが、『合意の計算法』に示されている公共選択論のアイディア――不効率な政府にいかに制約を課すか――の変奏曲である。代表的な著作を一つあげれば、リチャード・ワーグナーとの共著『財政赤字のなかの民主主義：ケインズ卿の政治的遺産』（一九七七年）は、ケインズ主義に基づく大きな政府への批判である。政府が部分利益の獲得のために食い物にされるというブキャナンが危惧する事態を、財政赤字を出してもいいというケインズ経済学の考え方が助長したというのが、その本の内容である。財政規律が緩めば、政治家はいくらでも投票者に部分利益を約束できてしまい、不効率な活動をいくらでも拡大していく。それが、ケインズ主義的福祉国家と呼ばれる現在の大きな政府だ、と。従って、均衡予算原則という憲法的ルールによって、政府を縛るべきなのである。

このようにブキャナンは、一貫して、多数決民主主義が他人にツケを回す不効率な政府活動をもたらすことを批判してきた。そして、彼の見解は、一九七〇年代に強まる大きな政府（ケインズ主義的福祉国家）への批判のなかで、広く受け入れられていった。しかし、立憲的合意による政府の制限という処方箋までは、受け入れられなかった。その原因の一つは、規範に関するブキャナンの議論――私利を追求する個々人が全会一致するルールこそが規範である――に対する疑問にあるのかもしれない。「～するべき」という当為が、私利から引き出せるのか？　あるいは、私利を持った個人を想定しておいて、立憲的合意など可能なのか？　そうした問題に答えていくことが、一九八〇年代以降のブキャナンの課題であった。こうなると、公共選択論の前提、つまり「完全に自分の利益しか考えない個人」という想定を変更しなければならなくなる。真摯にこの問題を考えて行ったところに、私は恩師ナイトの影響を見る。

立憲的合意のあるべき姿

アダム・スミスは、市場において各自が自分の利益を追求することで、意図しない結果として公益が実現するという構造を示した。市場を「私利→公益」の変換システムと見なしたのである。ブキャナンは、政府も同じ尺度で評価しよう、つまり「私利→公益」の変換システムとしてどれだけ有効かという観点から政府を評価しようとした。だから、政府の機能を評価する際に、私利（自分の利益）

しか考えない経済人（ホモ・エコノミクス）を想定し、その上で、その経済人たちが全会一致でその政府の活動に合意するかどうかを考えたのである。

だが、ルールを決めるという立憲段階で全会一致を必要とするという考え方は、あまりに厳しい条件である。全員を改善できるような新ルールが簡単に見つかるとは思えない。既存のルールで利益を得ている人も賛成するような新ルールというのが、はたして存在するだろうか？　将来がどうなるか分からないという不確定性は、既得権の効力をいくらか薄めるかもしれない。ジョン・ロールズの「無知のヴェール」――社会契約を結ぶために自分が誰になるか分からないという前提を置くこと――に近い役割を果たすということだが、実際の個人が直面している不確定性は、当然、「無知のヴェール」よりも緩い。新ルールで自分がどういう結果になるかがある程度読める以上、既得権が新ルールへの合意を妨げるということは、ありそうなことである。

また、たとえ全員を改善できる（パレート改善の）ルール変更を発見できたとしても、既存の分配に正当性がなく、非常に不公平と考える人が多ければ、新ルールは全会一致で賛成とはならないかもしれない。例えば、土地を完全に有効活用していない大地主（既存の貸付で十分に金持ちであるので、より有効活用しようという意欲がない）がいたとして、土地を有効活用できるような新ルールに移行するケースを考えよう。大土地所有者の既得権に対して二十年払いの補償金を支払ってもなお社会の他の人々に利益が残るのであれば、その補償によってパレート改善が可能である。だが、努力して土地を活用する人々が、今まで努力をしてこないで金持ちであった大土地所有者に二十年間も補償を払うということに、納得できない人もいるだろう。かくして、全会一致という条件は、現状の分配状態を肯定したところから出発しなければならないので、限界がある。

そこでブキャナンは、たんに私利で動く個々人の全会一致で憲法的ルールを定めるという道とは別に、もう一つの立憲的合意に向けたアプローチを示す。それは、規範形成論からのアプローチである。

集団に属する個々人があるルール（あるいは行動規範）に従うと、従う人の数が増えるほど全体としての利益が増えるという構造――収穫逓増《ていぞう》の構造――があるとき、そのルール（あるいは行動規範）に従うと利益になるということが、実践における挑戦、試行錯誤、そして進化的プロセスを経て、次第に個々人のモラルとして内面化されるかもしれない。ヒュームやスミスが論じたモラルの形成過程を想起するとよい。その形成過程において、従うことの利益を意識するかは、特定する必要がない。従うことの利益を意識するかもしれないし、意識されないまま慣習化されるかもしれない。このモラルの基準が集団に定着してくれば、自己利益を抑制してまで従っていると考える必要はない。モラルは内面化されるので、多くのケースで個人の選好の中に入る。つまり、個人の選好順序において、「盗みをする」よりも「盗みをしない」の方が上の選好順序となる。このような歴史的なプロセスを経て、収穫逓増の構造がモラルによって実現していく。

モラルの形成過程で新しいモラルを実践する個人は、自分の利益しか考えない経済人ではない。他のプレイヤーを刺激と反応で行動するものと想定したならば、こうした実践はありえない。そうではなく、刺激・反応を超えて、創造的な行動を取る人間像が想定されるのである。

ブキャナンは、上述のモラル形成過程に、立憲的合意のあるべき姿を見いだす。モラルを形成してきた歴史があるのだから、同じように憲法的なルールに合意していくことは可能であろう。また、相互利益になるルールのなかで活動しているという地盤が失われて、既得権が生まれ、人々が不公平感を持っている場合でも、モラル形成過程の範型を思い出すことによって、立憲的合意（＝相互利益になるルールの確立）への道筋に戻していく可能性があるだろう。これが、ブキャナンの立憲的合意に関するもう一つのアプローチである。

モラル形成過程と重ね合わせて立憲的合意を構想するとき、別の問題が持ち上がる。それは、ある共同体の中でモラルが形成される場合、共同体の一体感や忠誠といった形をとるかもしれないということである。これは、ハイエクが「閉じた社会」と呼んだものである。対照的なのは、メンバーが固定されず、ある行動規範を守りさえすればその集団に入ることができる「開かれた社会」である。ルールが一般的（誰にでも適用される普遍性を持つ）であれば、社会は閉じない。「開かれた社会」は、共同体の内と外の区別が強調される「閉じた社会」よりも、ルールにおいては平等であり、個人主義的であり、自由である。ブキャナンは当然、開かれた自由な社会を理想としているが、それが自然に実現するわけではない。閉じた社会のモラルというものも存在し、つまり閉じた社会として立憲的合意をする可能性も、当然あるからである。閉じた共同体のなかの一体感、共同利益の感覚の方が、開かれた社会の利益よりも強く感じられてしまうかもしれない。

理想を見つつも、理想が自然に実現するという楽観論は採れない。しかし、理想について考えることは放棄しない。この態度は、まさに恩師ナイトと同じである。ナイトは、自由社会を高く評価しつつ、それを支えていく人間資質の形成はまだまだ途上であり、自由社会の維持すら楽観できないと感じていた。ブキャナンはナイトに対し「ではどうすればいいのか？」と問い続けたに違いない。一九五八年、ブキャナンは、ヴァージニア大学にナイトを招いて講義をしてもらったとき、理想に向けた道筋を示してほしいと思っていた。その講義録は『知性と民主的行動』として一九六〇年に出版されるけれども、その序文にブキャナンは次のように書いている。

本書は、現代が抱えるこの極めて重要な論題［知性と民主的行動］への決定的な処方箋として、ナイト教授が執筆を期してきたと思われ、われわれが彼に書いてほしいと望んでいる〝著作〟ではない。……だが、そのように砕けた話し言葉による見解の表明には、われわれが出版を待ち望んでいる、より形式的な著作の補完に役立つという、それ特有の決定的な利点が備わっている。[21]

結局、ナイトは、その後も彼の理想を形にする道筋を明確にはしなかった。ブキャナンは、ナイトのこの課題を引き継いだ、あるいは引き継ごうとした。開かれた自由な社会が理想だが、既得権に縛られるかもしれないし、閉じた共同体になってしまうかもしれない。そうならないためには、われわれ個々人が、実践のなかで自由を尊重することの利益を感じ、倫理として内面化していくしかない。収穫逓増の相互利益構造を見えるように経験していくことを通じて、モラル形成過程のように徐々に内面に浸透していくことでしか、自由な社会は作れない。これが、ブキャナンの結論であり、ナイトから継承した問題への答えであろう。

私は、フリードマンやスティグラーではなく、ブキャナンこそが、ナイトの真の後継者だと思う。

4　アレとドブリュー

一般均衡理論への異なる関心

一九八〇年代の受賞者には、アレとドブリューという二人のフランス人がいる。二人とも一般均衡理論の数理的研究で著しい業績を挙げた。レオン・ワルラスの『純粋経済学要論』（一八七四年〜七七年）によって提起された一般均衡理論は、すべての財・生産要素の市場が相互に関係している――例えばリンゴの価格が上がれば、バナナや自動車の需要量にも、労働の供給量にも影響を与える――その全体を一気に連立方程式で捉えるものである。すべての市場で競争が作用し、需要と供給が等しくなっている状態が、この連立方程式の解である。この解は自由競争の究極の結果を表しているので、自由競争を推奨してきた経済学からすれば、解が存在するのか、その解が望ましい性質を持っているのか、各自の自由な行動だけで解に到達するのかといった問題は、経済理論のきわめて重要な関心事であった。

しかし、これらの問題は数学的に難しく、ワルラスも示唆しか与えなかったし、パレート等の一般均衡理論の後継者たちも完全な証明を与えるところまでは行かなかった。この二十世紀まで持ち越された経済理論の難問に、答えを与えたのがアレとドブリューである。付け加えるなら、アレの業績はサミュエルソンと、ドブリューの業績はアローと、並び称されるべきだろう。

私がここで採りあげたいのは、アレとドブリューの一般均衡理論に対する態度、つまり何のために一般均衡理論の研究をするのかという点である。私はここに、二人の経済学者としての違いが、鮮明に表れているように思う。

アレ（一九八八）

フランス語で書かれたために

モーリス・アレは、一九一一年、パリで生まれた。父母は小さなチーズ店を営んでいたが、第一次大戦時に父を亡くし、母が新たに店を開き、苦しい家計を支えた。歴史に関心があったが、優れた数学の能力があったので教師の勧めでエコール・ポリテクニークに進学。一九三三年に首席で卒業した。エコール・ポリテクニークの成績優秀者は国立鉱業会社（Corps National des Mines）で働くのが普通であったので、アレもその道を選んだ。軍に一年いたのち、パリ国立高等鉱業学校に進み、一九三六年からナントの鉱業会社で働き始めた。

しかし、一九三三年に大不況で深刻な状況にあるアメリカを見て、経済学に興味を持ち始めていた。経済学は全く学んで来なかったが、経済学には未だ発見されていない真実があるという感触を持ったという。一九三六年にエンジニアとして働き始めつつも、経済学をやりたいという思いを持ち続けた。

第二次大戦でフランスがドイツに占領されると、経済学を研究し、戦後の準備をすることが自分の使命であると感じた。一九四〇年七月からわずか十ヵ月でワルラス、パレート、フィッシャー等を独学で吸収し、八百五十二ページにもなる大著『経済科学の探求』（一九四三年）を出版した。アマチュアだからこそ、既存の確立した観念に惑わされず、新鮮な眼で経済学を見ることができたのだ、と彼は後に述べている。この業績で一九四四年に母校のパリ国立高等鉱業学校の経済分析の教授になり、一九四六年からは国立科学研究センターの研究者も兼ねた。

アレの業績は、『経済科学の探求』もその再版である『純粋経済学概要』（一九五二年）も、フランス語で書かれたため、世界の経済学の潮流には乗らなかった。独創的・先駆的な研究を含んでいたのに、それを世界の経済学者は知らず、後になって「これもアレが先にやっていたのか」と気づくことになるのである。例えば、サミュエルソンの世代重複モデル（無限期間を生きる主体が無限の将来を考慮して消費計画を立てるモデルではなく、働いているとき貯蓄し、老後に取り崩すライフサイクルをもった人々が世代で連なっているモデル）は一九五八年の業績だが、アレは『経済と利子』（一九四七年）ですでにそれを提示していた。あるいは、エドマンド・フェルプスが一九六一年に示した成長の黄金律（資本蓄積の最適経路）も、定常状態という特殊ケースについては『経済と利子』でアレが示していたし、貨幣の取引需要を在庫管理と同じ方法で利子率と結びつけたボーモル（一九五二年）とトービン（一九五六年）の業績も、やはり一九四七年にアレが示していた。アレの主要業績である一般均衡理論の研究（多くが処女作『経済科学の探求』に含まれる）も、出版当時にはフランス語圏を除いてほとんど知られていなかった。ノーベル賞の授賞理由が「市場と資源の効率的な利用に関する理論への先駆的な貢献」となっているのは、「先駆的」としか表現しようがないからだろう。

アレは、数学能力を活かして厳密な理論を展開したが、経験と結びつかないエレガントな理論を追求することはなかった。彼は「経験的事実を重視する」という研究姿勢をつねに保ち、観察される事実と理論が食い違うならば、必ず理論の方に修正を迫った[22]。この姿勢が、彼の一般均衡理論研究においてどのように表れたかは、後に述べることにしよう。

アレの反例

アレの経験を重視する姿勢は、リスク下の意思決定論の研究に見られる。アレは、競馬の賭けをする人々を観察し、小さく賭けて小さな利得で満足する人と、破滅のリスクを負ってでも大きく賭けて大きな利得を狙う人がいることに気付いた。そこから、リスク下の意思決定には、期待利得と破滅確率のトレードオフがあるのではと考えた。こうしたさまざまな観察から、アレは、ノイマン＝モルゲンシュテルンの期待効用理論[23]——ゲーム理論を展開するための基礎としてリスク下では期待効用を最大化するように意思決定すると定式化した——に疑いを抱いた。そこで、現実の意思決定が期待効用理論のようには行われていないことを示そうとした。それが有名な「アレの反例」である[24]。

選択①　A_1：収入5（確率1）

　　　A_2：収入10（確率0.1）、収入5（確率0.89）、収入0（確率0.01）

この選択に直面した人が、収入0のリスクを重く見て、A_1の方を選択することもあるだろう。とくに、何度もできる選択でなく、収入5がそれなりに大きな利益であるとすれば、確実性を重視してA_1を選ぶであろうと予測される。もう一つの選択を考えよう。

選択②　B_1：収入5（確率0.11）、収入0（確率0.89）
　　　　B_2：収入10（確率0.1）、収入0（確率0.9）

この場合、収入が5になるか10になるかの違いは1％しかないから、だいたいの人はB_2を選ぶだろう。この人の効用関数をU（x）と表せば、選択①でA_1を選んだことは、期待効用理論に従えば$U(5)>0.1U(10)+0.89U(5)$である。この式は、変形すれば$0.1U(10)>0.11U(5)$となる。一方、選択②でB_2を選んだことは、期待効用理論に従えば$0.1U(10)<0.11U(5)$である。つまり、選択①でA_1を選び、選択②でB_2を選ぶことは、期待効用理論が正しいとすればあり得ない。これが「アレの反例」である。リスク下の意思決定を説明する理論として、期待効用理論が盤石ではないことを示したアレの功績は大きい。現実を説明できる意思決定理論の探求は、カーネマン＝トベルスキーのプロスペクト理論に代表されるような行動経済学に繋がっていく[25]。

アレは、経済学者として活動しつつも、エコール・ポリテクニーク時代に考え始めた物理学への関心、とくに重力・電磁気・量子の統一理論への関心を忘れることはなかった。一九五四年、彼は、重力と電磁力の関係を調べるために振り子振動数を測定する実験をした。すると、振り子が加速する異常が観察された。同じ結果は六キロメートル離れた二つの地点で観察され、しかもそれが起きたのは皆既日食の発生時と一致していた。一九五八年の皆既日食でも同じ加速現象が観察され、「アレ効果」と名付けられている。どうしてこのような現象が起こるのか、諸説あるが、未だによく分かっていないらしい。[26]

アレが一九八八年にノーベル賞を受賞したとき、経済学者でも「アレの反例」ぐらいしか知らない人がほとんどであった。今でも、アレの先駆的業績は、「たんに先にフランス語で発表していた人がいた」という程度にしか受け止められていない。だが、それでは少々もったいない気が私はする。なぜなら、アレの一般均衡理論に対する研究姿勢から、われわれが学ぶべきものがあるように思うからである。

アレの一般均衡理論

アレの一般均衡理論に関する先駆的業績は、ほとんどが『経済科学の探求』に含まれている。[27] 彼は、各人の効用を表す空間（N人であればN次元の空間）を考え、それがとりうる範囲を「効用フロンティア」として表した。そして、フロンティア上にない点（効率性を改善できる状態）とフロンティア上の点（これ以上、効率性を改善できないパレート最適の点）の距離を測定する方法を考えた。これが、アレの重要な着想である。

アレは、各市場の超過需要の和によって、この距離を表した。そして、どのような条件を満たせば、需給均衡化の作用によってこの距離が縮小していくかを考えたのである。それが模索過程の安定性条件の証明、つまり現代的な用語で言えば粗代替性《そだいたいせい》（ある財の価格が上がるとその他の財の需要の合計が増加する）の条件を示していたのである。また、各市場での需給均衡が作用することによって初期状態M_0から最大効率点（パレート最適）M^*に移行するとすれば、それは同時に後の厚生経済学の二命題（競争均衡はパレート最適であり、パレート最適状態は特定の初期状態からの競争均衡の作用で実現する）を示している（図2−3参照）。

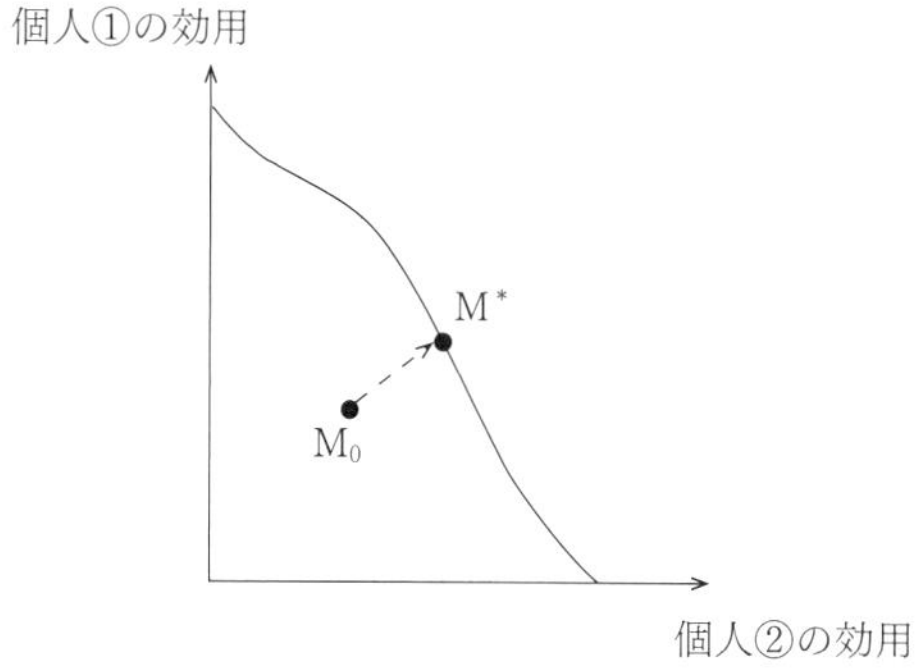

図2−3

アレが、一般均衡理論から引き出した含意を述べよう。通常、一般均衡理論によって競争均衡の効率性が証明されれば、そこから引き出される含意は、「各市場を完全競争に近づけるべきだ」という自由競争擁護になりそうである。アレも、自由競争の重要性を十分に認識しているが、一般均衡理論が所得分配についての望ましさを何も語っていないことも、同時に強調した。そして、不労所得（純粋レント）に対する課税によって分配を変えることを支持したのである（この発想は、ワルラスの土地国有化案と類似している）。

ここまでが『経済科学の探求』に代表されるアレの一般均衡理論研究の「前半」である。彼は一九六七年以降、アプローチを大きく変える。それは、特定の価格で取引をするというこれまでの一般均衡理論の想定が、非現実的であるという認識による。経験と理論が合致しないとき、理論の方を修正するというのが彼の基本姿勢であった。

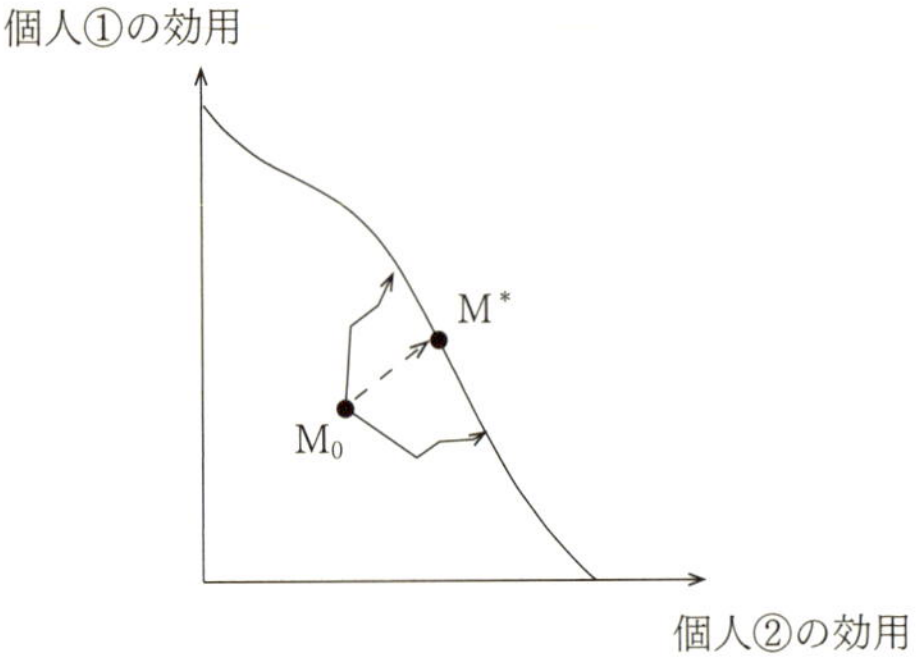

図2-4

アレは、上述した均衡と均衡外の距離を「分配可能余剰」と呼んでいた。この概念を拡張し、特定の価格で取引をするという仮定を外す。つまり、「分配可能余剰が存在しさえすれば、状況を改善できる」という点に注目するのである。そして、分配可能余剰が存在しないところまでくれば、それは最大効率点（パレート最適）になる。従来の理論との違いは、分配可能余剰が存在する場合の改善をプロセスで考える点にある。

　分配可能余剰が存在し、効用可能性空間内で移動＝改善が起こるというのは、その改善の一つ一つがパレート改善（全員の状況がよくなる）であることを意味しない。例えば、貿易制限のある状態から貿易を自由化すれば、分配可能余剰はあるが、その結果がパレート改善であるとは限らない。だから、初期状態M_0からのプロセスは、いろいろな可能性があるのである（図2-4参照）。

　分配可能余剰を中心に理論を組み立て直したことで、最大効率点（パレート最適）が望ましい所得分配とは関係ないことが、よりはっきりする。改善とされる変化によって、分配可能余剰が誰のものになるのかを問題にできる。そしてさらに、分配可能余剰が着実に生じるまでのプロセス（例えば貿易自由化によって仕事を失った人が別の仕事に就くまでのプロセス）も、考えに入れなければならないことが明確になる。

アレは、モンペルラン・ソサエティに顔を出すほどの自由主義者だが、決して教条的な市場至上主義者ではなかった。経験的事実によって理論を修正することをモットーとしている人間は、決して教条主義には陥らない。そこに、私はアレの真骨頂を見る。

ドブリュー（一九八三）

コアの概念

ジェラール・ドブリューは、一九二一年、フランス・カレーに生まれた。父はカレーの伝統産業であるレース製造業を営んでいた。高校時代から熱心な教師の影響で、数学に関心を持った。第二次大戦（ドイツの侵攻）の混乱により遅れたが、一九四一年に高等師範学校に入学する。当時、ブルバキ（と名乗る数学者集団）の数学全体の再編運動があり、ドブリューもその影響を強く受けた。しかし、一九四二年末、あまりにも現実とかけ離れた抽象的な数学の世界に疑問を感じ、別の道を模索し始める。一九四四年春、アレの『経済科学の探求』を手に入れ（高等師範学校の総務ボンペールにアレが贈ったが、関心がないからとドブリューに譲られた）、自分の能力を活かせる道を見いだした。連合軍の反攻（D-day）が始まったので、ドブリューは軍に志願し、戦争が終わると高等師範を卒業した。経済学の業績は全くなかったが、国立科学研究センターが雇ってくれた。

一九四九年〜五〇年、ロックフェラー財団の奨学金を得て、アメリカを中心に世界の大学に行く機会を得た。シカゴ大学を訪れ、コールズ委員会の所長であったチャリング・クープマンスから研究助手の職が得られた。コールズ委員会は優れた経済学者の集まりとして、きわめて生産的な場であった。ドブリューの関心は、従来経済学では使われていなかった凸性分析によって、経済理論を厳密に展開することであった。クープマンスからアローが同じ関心を持っていることを知らされ、一九五四年の共著論文によって一般均衡の解の存在証明が与えられた。また、厚生経済学の二命題（競争均衡はパレート最適であり、パレート最適状態は特定の初期状態からの競争均衡の作用で実現する）も、一九五四年の論文で証明された。一九五〇年代の一般均衡理論の研究は、『価値の理論』（一九五九年）にまとめられる。

ドブリューは、一九六二年からカリフォルニア大学バークレイ校に勤め、さらなる数理経済学の研究に打ち込む。一九六三年のハーバート・スカーフとの共著論文は、ゲーム理論におけるコア概念から競争均衡を理解した。両者が得をするような交換が可能な領域（コア）が存在すれば、自発的に交換が起きるだろう。経済が二人きりであれば、コア内のどこが実現するか分からない。だが、この経済の参加人数が多ければ、ある交換をしそうな二人に、第三者がもっと有利な交換を持ちかけることで、有利さの偏った交換が抑制される。そして、人数を増やしていけば、最終到達点は一般均衡解に近づいていく。これは、古くはアントワーヌ・クールノーの方法であり、フランシス・エッジワースが発展させたが、その後長い間忘れ去られていて、ようやく一九五〇年代の終わりに注目されるようになったアプローチであった。

コアの概念は、エッジワースの示した交換経済のボックス・ダイヤグラムを用いると分かりやすい（図2-5参照）。個人①の無差別曲線は右上の方が効用が高く、個人②の無差別曲線は左下の方が効用が高い。初期状態がM_0であれば、その点を通る両者の無差別曲線に囲まれた領域がコアである。両者の無差別曲線が接する場合、コアは一点に収束し、パレート改善の余地がない。コアのなかには、そのようなパレート最適の点が点線のように並んでいる。

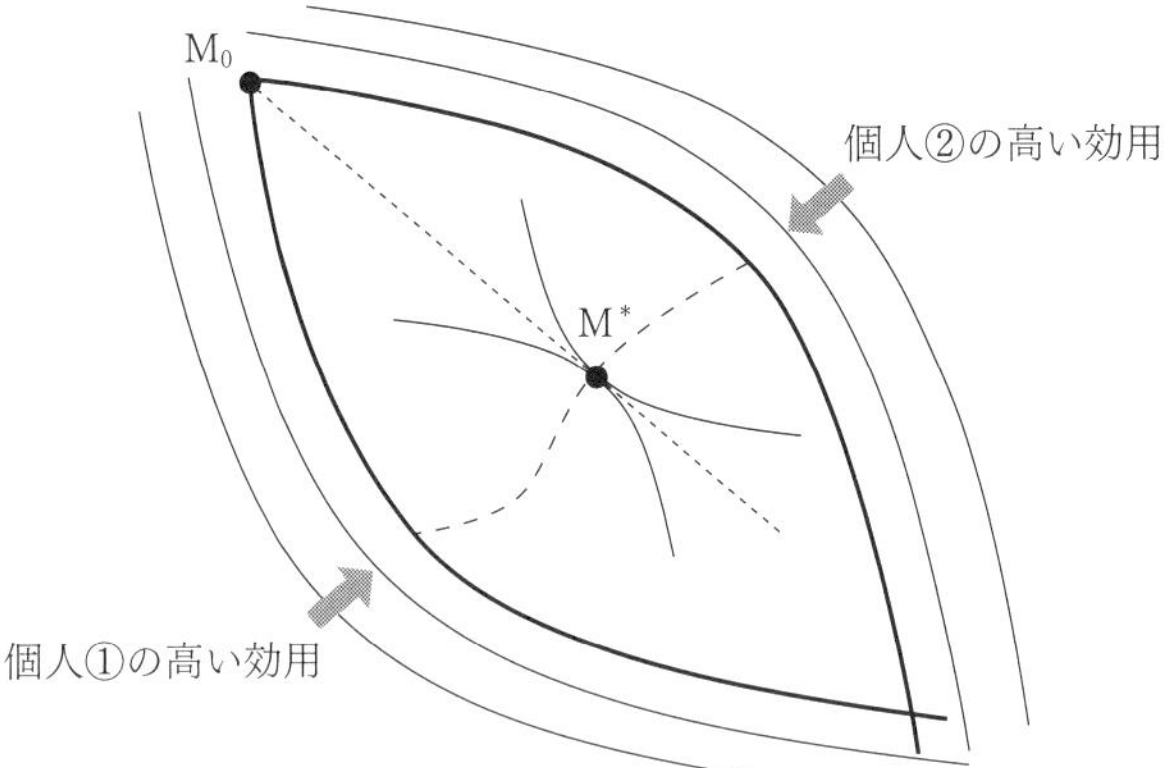

図2–5

先ほど述べたように、この経済が二人ではなく、個人①・個人②と同じ選好と初期配分をもった人が増えれば、ある価格で交換するのと同じになる（M_0から出ている直線が交換する価格での予算制約線）。

ドブリューの一般均衡理論研究の特徴は、時間の存在しない静態経済を対象としていることである。上記のコアの収束も、収束するまでより有利な契約を持ちかけ、それが無くなったところで初めて交換が行われる。つまり、均衡に定まるまで試行錯誤を繰り返し、その間は時間が止まっている。他の経済学者たちは、時間の経過のなかでいかに均衡に到達するのかという関心を持ったが、ドブリューは一貫して動態には係わらなかった。

ドブリューの関心の持ち方は、アレとは対照的である。アレは経験的事実に沿うように理論を修正し、あくまで現実を捉えようとした。一方、ドブリューは、エレガントな数理的表現こそ数理モデルの特徴と考えていた。[28] 数学は間違いのない演繹《えんえき》的推論のためにあるのであり、厳密さ、一般性、単純さの世界でこそ活きる。理論を確立するときに数学は大活躍をするが、現実に近づける方法を考える段階になれば一般性を損なっていくので、数学は活きない。だから、そうした議論には加わらない。これがドブリューのスタンスである。一言で言えば、経済という題材を用いているが経済学者ではなく、数学者なのである。

「熱さ」があった

経済学の理論や分析は、形の上では感情や思想とは独立した、客観的でクールなものである。だが、一九八〇年代のノーベル賞受賞者たちの経済学を振り返ると、その理論や分析の背後に、現実の経済というものと真剣に向き合う「熱さ」がある。それは、ケインジアンだろうと、自由市場経済の擁護者であろうと変わりない（数学者ドブリューは除く）。採り上げることができなかった受賞者たちも、同じである。マクロ計量経済モデルの理論と実践で活躍したクライン、MM定理のような厳密な理論を追求しながら現実との距離を決して忘れなかったモジリアーニ、国民経済計算の基礎を作り世界に広げたストーン、計量経済学の基礎を築いたホーヴェルモ。彼らが意志と情熱を持って経済学に取り組んだことは間違いない。経済学がこの「熱さ」を徐々に失っていくのは、やはり大恐慌の経験が風化していくからであろうか？

第三章 「非―経済学」の包摂 1990～1999

荒川章義

1　新しい分野への評価

「これは経済学ではない」

一九九〇年代の一連のノーベル経済学賞受賞者たちの仕事を特徴付ける性質があるとしたら、それは一体どのようなものになるだろうか。一言で言えば、それは、ノーベル財団が、伝統的な経済学が経済の問題あるいは経済学の問題とは見なして来なかった分野の仕事に、ノーベル経済学賞を与え始めた、ということにあるのではないだろうか。

例えば、一九九〇年のハリー・M・マーコウィッツ、ウィリアム・F・シャープ、マートン・H・ミラーの受賞、あるいは一九九七年のロバート・C・マートン、マイロン・S・ショールズの受賞を考えてみよう。マーコウィッツやシャープの仕事は、資産選択の理論や資産の収益率の決定に関する理論であり、これらは伝統的な経済学者が経済学とは見なして来なかったような分野である。実際、マーコウィッツが、シカゴ大学に後に現代ポートフォリオ理論と呼ばれる資産選択の理論に関する博士論文を提出したとき、審査員の一人であったミルトン・フリードマンに、このような論文は経済学ではないと言われ、危うく不合格にされそうになったという有名な逸話がある。またマートンやショールズの仕事は、デリバティブの適正価格に関する理論であるいわゆるブラック＝ショールズの公式を定式化したことであるが、このブラック＝ショールズの公式を熱狂的に受け入れたのは、経済学の研究者ではなく、むしろ金融取引の実務家たちであった。

あるいは一九九一年のロナルド・H・コース、一九九三年のダグラス・C・ノース、ロバート・W・フォーゲルの受賞を考えてみよう。彼らの仕事は現在では新制度派の経済学と呼ばれるものである。この新制度派経済学の特徴は、市場が機能する条件に関して、伝統的な経済学が述べてきたこととほとんど正反対の結論を導き出すことである。伝統的な経済学によれば、市場を機能させるのは価格メカニズムであり、それ以外の要因、例えばさまざまな制度の存在は市場にとって外的な阻害要因でしかない。しかし新制度派の経済学によれば、市場を機能させるのはむしろこのようなさまざまな制度である。市場は価格メカニズムだけでは機能しないのであり、さまざまな制度が価格メカニズムを補完して初めて機能するのである。

一九九八年受賞のアマルティア・センは、一九九〇年代の非─経済学を代表する経済学者である。センは、キャリアの初めこそ社会的選択論の公理的な仕事に従事していたものの、次第に伝統的な経済学、特にその厚生経済学に対して批判的な立場を取るようになった。彼のパレート派リベラルの不可能性定理やケイパビリティ（潜在能力）アプローチは、伝統的な経済学の枠組みが何を見逃しているのかを執拗に追求した結果生まれたものである。

一九九四年のジョン・C・ハーサニ、ジョン・F・ナッシュ、ラインハルト・ゼルテンの受賞はどうだろうか。ハーサニ、ナッシュ、ゼルテンの仕事はゲーム理論の均衡概念を定式化したことであり、現在ゲーム理論が経済学に不可欠の分析ツールとなっていることを思えば、これは当然の受賞と思えるかもしれない。しかし彼らの仕事は、まさしくゲーム理論そのものなのであり、彼らがゲーム

1995	ロバート・E・ルーカス *Robert E. Lucas, Jr.* *1937-*	合理的期待仮説の理論を発展応用することによって、マクロ経済分析の性質を大きく変えると同時に、経済政策に対するわれわれの理解を深めた貢献
1996	ジェームズ・A・マーリーズ *James A. Mirrlees* *1936-* ウィリアム・S・ヴィックリー *William S. Vickrey* *1914-1996*	非対称情報下におけるインセンティブの経済理論に対する根本的貢献
1997	ロバート・C・マートン *Robert C. Merton* *1944-* マイロン・S・ショールズ *Myron S. Scholes* *1941-*	金融派生商品の価値を決定する新しい方法に対する貢献
1998	アマルティア・セン *Amartya Sen* *1933-*	厚生経済学への貢献
1999	ロバート・A・マンデル *Robert A. Mundell* *1932-*	さまざまな通貨体制における金融・財政政策に関する分析と最適通貨圏に関する分析

ノーベル経済学賞受賞者　1990～1999

年	受賞者・生没年	授賞理由
1990	ハリー・M・マーコウィッツ *Harry M. Markowitz* *1927-* ウィリアム・F・シャープ *William F. Sharpe* *1934-* マートン・H・ミラー *Merton H. Miller* *1923-2000*	ファイナンスの経済理論に対する先駆的な仕事
1991	ロナルド・H・コース *Ronald H. Coase* *1910-2013*	制度上の構造と経済機能における取引コストと財産権の発見と明確化
1992	ゲイリー・S・ベッカー *Gary S. Becker* *1930-2014*	非市場行動を含む広範にわたる人間行動と相互作用にミクロ経済分析を応用した貢献
1993	ダグラス・C・ノース *Duglass C. North* *1920-2015* ロバート・W・フォーゲル *Robert W. Fogel* *1926-2013*	経済理論と計量的手法によって経済史の研究を一新した貢献
1994	ジョン・C・ハーサニ *John C. Harsanyi* *1920-2000* ジョン・F・ナッシュ *John F. Nash, Jr.* *1928-2015* ラインハルト・ゼルテン *Reinhard Selten* *1930-2016*	非協力ゲームにおける均衡に関する先駆的分析

理論を用いて何らかの経済現象を鮮やかに分析してみせたというわけではない。ハーサニもナッシュもゼルテンも狭い意味での経済学者ではないのである。

一方、一九九二年のゲイリー・S・ベッカー、一九九五年のロバート・E・ルーカス、一九九六年のジェームズ・A・マーリーズ、ウィリアム・S・ヴィックリーは、いわゆるスタンダードな経済学者が順当に受賞したと言ってよさそうである。実際、ベッカーとルーカスは、ともにフリードマンやスティグラーが在籍し自由主義経済学の牙城であったシカゴ大学の教授であり、その仕事は徹頭徹尾新古典派的で自由主義的なものである。ベッカーの仕事は、人種差別も教育も結婚も犯罪もすべて人間の最適化行動によって説明できるというものであり、ルーカスの仕事は、人間が合理的に期待形成を行えばケインズ政策は無効になるというものである。マーリーズは非対称情報の経済学の応用として最適課税理論を定式化したが、その結果高額所得者に高い税率を課すことに反対し、世界的に最高税率が引き下げられるきっかけを作ることになった。

そして最後が一九九九年に受賞したロバート・A・マンデルである。マンデルの仕事は、一言で言えば、ユーロを基礎付けたということになるだろう。彼の最適通貨圏の理論も、財政・金融政策におけるマンデル＝フレミングの理論も、結果的にはユーロに理論的基礎付けを与えることになった。とはいえ一九九九年にノーベル財団がマンデルにノーベル経済学賞を授与することを発表したとき、多くの経済学者は少なからず驚いたようである。というのは、マンデルがこれらのテーマに関する論文を書いたのは主に一九六〇年代であり、その後目立った仕事をしていなかったからである。マンデルに関しては、先見の明が評価された、ということなのであろう。

以上のような理由で、ここではわれわれは、一九九〇年代のノーベル経済学賞受賞者の仕事を次のように分類して紹介することにしたい。

（1）金融工学の誕生
一九九〇年　マーコウィッツ、シャープ、ミラー
一九九七年　マートン、ショールズ
（2）制度の経済学
一九九一年　コース
一九九三年　ノース、フォーゲル
（3）孤高の人＝セン
一九九八年　セン
（4）ゲーム理論
一九九四年　ハーサニ、ナッシュ、ゼルテン
（5）新古典派経済学の精緻化
一九九二年　ベッカー
一九九五年　ルーカス
一九九六年　マーリーズ、ヴィックリー
（6）ユーロの理論的基礎
一九九九年　マンデル

2　金融工学の誕生

マーコウィッツ、シャープ、ミラー（一九九〇）

投資の理論モデル

一九九〇年ノーベル財団は、ハリー・マーコウィッツ、ウィリアム・シャープ、マートン・ミラーの三人に「ファイナンスの経済理論に対する先駆的な仕事」を行った貢献によって、ノーベル経済学賞を授与した。より具体的には、マーコウィッツの貢献は「現代ポートフォリオ理論（Modern Portfolio Theory, MPT）」と言われる理論を、シャープの貢献は「CAPM（Capital Asset Pricing Model）」＝「資本資産価格モデル」と呼ばれるモデルを確立したことであり、ミラーの貢献は「モジリアーニ＝ミラーの定理」と呼ばれる定理をフランコ・モジリアーニとともに定式化したことである。現代ポートフォリオ理論やCAPMは、投資家が金融資産に対する投資をどのように行うべきかに関する理論モデルであるのに対して、モジリアーニ＝ミラーの定理は、企業が実物資産に対する投資と資金調達をどのように行うべきかに関する理論モデルである。このような意味では、現代ポートフォリオ理論とCAPMは、「インベストメント（投資）」に関する理論であるのに対して、モジリアーニ＝ミラーの定理は、「コーポレート・ファイナンス（企業財務）」に関する理論である。とはいえ、この二つの分野はもちろん無関係なわけではなく、密接に繋がっている。ここでは現代ポートフォリオ理論とモジリアーニ＝ミラーの定理を紹介することにしよう。

マーコウィッツのポートフォリオ

いま、例えばわれわれが株式投資をするときのことを考えよう。世の中の金融商品には、「ハイリスク・ハイリターンの原則」があると言われる。「ハイリスク・ハイリターンの原則」とは、一般に高い収益が期待できる金融商品は、その分損失を被るリスクが高いことを述べた命題である。実際もし「ローリスク・ハイリターン」の金融商品が市場に存在しているならば、全ての投資家はそのような金融商品をわれ先にと購入することになるだろう。その結果そのような「ローリスク・ハイリターン」の金融商品の価格はたちどころに上昇してしまい、値下がりするリスクが高くなる、すなわち「ハイリスク・ハイリターン」の金融商品になるはずである。世の中にそんなにうまい話が転がっているはずがない。「ハイリスク・ハイリターンの原則」が述べていることは、一見至極当たり前のことにすぎないように見える。

しかしマーコウィッツは、もしわれわれが複数の株式を組み合わせるならば、言いかえれば分散投資を行うならば、リターンをそのままにリスクのみを低下させることができる、あるいはリスクをそのままにリターンのみを大きくすることができることを示した。実際、もしリターンとリスクの変動が互いに独立で相関がない企業の株式を組み合わせるならば、そのときのリターンは、個々の企業の株式のリターンの加重平均に等しくなるが、リスクは個々の企業の株式のリスクの加重平均より小さくなることを容易に示すことができる。さらに進んで、リターンとリスクの変動が互いに逆に動くような企業の株式を組み合わせることを考えよう。例えば、円が高くなると収益が上がり株価が上がるような企業の株式と、逆に円が高くなると収益が下がり株価が下がるような企業の株式を組み合わせるのである。このように、もしリターンとリスクの変動が逆に変動し、逆相関がある企業の株式を組み合わせるならば、先ほどの変動が互いに独立で相関がない企業の株式を組み合わせた場合より、さらにリスクのみを小さくすることができるのである。

「卵を一つの籠に盛るな」という格言がある。実際、卵を一つの籠に入れていれば、その籠を落としたときにはすべての卵が割れてしまう。しかしもし卵を複数の籠に入れていれば、一つの籠を落としたからといってすべての卵が割れてしまうわけではない。マーコウィッツの現代ポートフォリオ理論は、ある意味ではこの格言を厳密に定式化したものである。われわれは、分散投資を行うことによって、リターンはそのままにリスクを小さくすることができるのである。

モジリアーニ＝ミラーの定理

今度は、ある企業が新しく工場を建設するために資金を調達しようとしているときのことを考えよう。この企業はこの投資に必要な資金を、負債によって賄うこともできるし、新しく株式を発行することによって賄うこともできるし、あるいはこの両者を組み合わせて賄うこともできる。企業のこのような資金調達方法の違いは、企業価値にどのような影響を与えることになるのだろうか。この問題に対するモジリアーニ＝ミラーの解答はいささか衝撃的である。もし市場が完全であれば、すなわち取引費用や税金が存在しないのであれば、企業の資金調達方法の違いは企業価値に何の影響も与えない。企業価値は企業の資本構成から完全に独立に決まるのである。

一般に、企業が負債によって資本を調達したときのコストである負債の資本コストは、株式によって資本を調達したときのコストである株式の資本コストより小さくなる。なぜなら、企業が倒産したときには、残余財産は債権者に優先的に分配され、一般には株主にはまったく分配されない、すなわち債権者の被る貸し倒れリスクは、株主の被る貸し倒れリスクより小さいからである。そして企業が負債と株式を組み合わせて資本を調達するとき、企業の直面する資本コストは、負債の資本コストと株式の資本コストをそれぞれの調達金額の比率で加重平均した値に等しい。このように負債の資本コストと株式の資本コストを加重平均した資本コストのことを、WACC（Weighted Average Cost of Capital）＝「加重平均資本コスト」という。ある企業の企業価値とは、定義によりその企業が生み出す利益をこのWACCで割り引いた値に等しい。このとき、企業が資本に占める負債の比率を上昇させていくと、負債の資本コストは株式の資本コストより小さいので、WACCは小さくなり、結果的に企業価値は上昇するように見える。しかし実はこれは誤りである。なぜなら、企業が資本に占める負債の比率を上昇させていくと、企業の倒産するリスクが高くなり、結果的に株主の要求する株式の資本コストが高くなるからである。そしてモジリアーニ＝ミラーの定理とは、別の形で表現すれば、このWACCは資本構成に占める負債と株式の比率に関わりなく一定である、ということを述べた定理にほかならない。「一枚のピザを四つに切ろうが八つに切ろうが、ピザ全体の価値は変わらない」（ミラー）のである。

このモジリアーニ＝ミラーの定理の意味は、やや不正確ではあるが、このように考えるとわかりやすいのかもしれない。例えば、いまある人が、一億円の家を購入しようとしているとしよう。この人はこの一億円を完全にキャッシュで支払うこともできるし、二千万だけキャッシュで払って残りの八千万をローンで払うこともできる。しかしこの人が、この家の支払い代金をどのような形で調達しようが、一億円の家は一億円の価値がある。家の価値はこの家を購入した人の資金調達方法に依存しない。企業価値も同じなのである。

マートン、ショールズ（一九九七）

ブラック＝ショールズの方程式

一九九七年ノーベル財団は「金融派生商品（デリバティブ）の価値を決定する新しい方法に対する貢献」により、ロバート・マートンとマイロン・ショールズにノーベル経済学賞を授与した。マイロン・ショールズは一九九五年に亡くなったフィッシャー・ブラックとともに、デリバティブの価格が満たすべき条件を記述したブラック＝ショールズの方程式ならびにその解であるブラック＝ショールズの公式を定式化したが、ロバート・マートンは当初は彼らとは独立にほぼ同様の結論に到達していた。このブラック、ショールズ、マートンの三人は、金融工学と呼ばれるようになった全く新しい学問分野を作り出した。そして今では、この金融工学という学問は、高度な金融取引に関わる人達にとってはまったくの常識となったのである。

デリバティブとは、株式や債券、通貨などの既存の金融商品から派生し（このような既存の金融商品のことを原資産という）、その価格を基準に価値が決まるような金融商品のことである。このようなデリバティブには大きく分けて、先物取引、スワップ取引、オプション取引の三種類の商品がある。多くの人は、為替の先物取引で利益を出したという話や、日本と韓国の間で結ばれた通貨スワップ協定が廃止されたという話、あるいはどこかの会社の経営者がストック・オプションで何十億ものボーナスを手にしたという話を聞いたことがあるだろう。デリバティブの取引は、現在ではわれわれの生きる経済活動の中で日常的に行われる取引になっている。そしてブラック＝ショールズの方程式とは、このようなデリバティブの適正な価格はどのような水準なのかを決定しようという方程式にほかならない。

ストック・オプション

このようなデリバティブの中で、ここではオプション取引、特にストック・オプションを少し具体的に説明することにしよう。

いま、われわれがある会社の従業員であるとしよう。そしてその会社の株式の価格は、現在一株一万円であるとする。ストック・オプションとは、例えば、今後五年の間に自社の株式を一株一万円で一万株買う権利をもらえる、というようなものである。株式そのものをもらうのではなく、株式を買う権利をもらうのである。しかしこのようなストック・オプションをもらうと、われわれにはどのようなよいことがあるのだろうか。いま五年後に自社の株式の価格が、例えば十万円に値上がりしたとしよう。このようなときには、われわれはストック・オプションを行使して、一万株の株式を一万円で購入し、すぐに十万円で売却すればよい。われわれは労せずして差し引き九億円の利益を得られることになる。他方、五年後に株式の価格が、今度は千円に値下がりしたとしよう。このようなときには、われわれはストック・オプションを行使しなければよい。ストック・オプションは、株式を買う権利にすぎず、先物取引のように必ず行使しなければならないわけではないからである。

より一般的に、オプションとは、このようにある決められた期間あるいは期限に、ある一定の価格で、株式や債券などの原資産を「取引する権利」を取引するものである。「原資産を取引する」のではなく、原資産を「取引する権利」を価格を付けて売買するのである。オプションでは、将来の一定の期間に一定の価格で「買う」権利だけでなく、「売る」権利も取引される。前者のことをコール・オプション、後者のことをプット・オプションという。それゆえ、オプションは、一般には以下のような要素から構成される。一つは、原資産である。これは株式であろうが、債券であろうが、原油であろうが、市場で取引される資産でありさえすればよい。先ほどの例では自社の株式であった。二つ目に、スポット価格と行使価格である。スポット価格とは、原資産の現時点での価格のことであり、行使価格とは権利を行使するときに支払うあるいは受け取る原資産の価格のことである。先ほどの例では、ともに一万円であった。第三にオプションの期間、すなわち権利行使が可能な期間である。先ほどの例では五年間であった。

ブラック＝ショールズの方程式とは、このようなオプションを含むさまざまなデリバティブの適正な価格が満たさなければならない条件を記述したものである。ただし、このブラック＝ショールズの方程式は、偏微分方程式の形をしており、そのままでは解析的に解くことができない。しかし無リスク資産の収益率や原資産価格の変動率が一定であるなどの仮定を置くと、解析的に解くことができるようになる。そしてこのようにして解いたブラック＝ショールズの方程式の解、それこそがあの有名なブラック＝ショールズの公式にほかならない。

このブラック＝ショールズの公式から、われわれはコール・オプションの適正価格は、（1）原資産のスポット価格が高ければ高いほど、（2）原資産の権利行使価格が低ければ低いほど、（3）オプションの期間が長ければ長いほど、（4）無リスク資産の収益率が高ければ高いほど、（5）原資産の価格の変動が大きければ大きいほど、高くなることが分かる。特に興味深いのは、（5）の性質、すなわち、原資産の価格の変動が大きければ大きいほど、コール・オプションの価格は高くなる、という性質である。この性質は、不確実性が大きければ大きいほどその価値が高くなるということを示しているが、これは一般的に保険が持っている性質と同じである。実際、コール・オプションを購入しておきさえすれば、われわれは原資産の価格が値上がりするという喜ばしい事態に対してだけでなく、原資産の価格が値下がりするという不測の事態に対してもあらかじめ備えておくことができる。オプションを含むデリバティブとは一般に、投資家がさまざまな金融商品を保有する際に被るリスクを引き下げてくれるある種の保険として機能するものにほかならないのである。

このブラック＝ショールズの公式は、一九七三年に発表されるやいなや、多くの金融取引の実務家の間で急速に普及することとなった。というのはちょうどこのブラック＝ショールズの公式が発表された一ヵ月後にシカゴ・オプション取引所が設立されたことに加えて、小型の電卓が普及し始めたからである。

しかしその一方で、マートンとショールズが役員となり、その金融工学の理論を実践するために設立されたヘッジファンドＬＴＣＭ（Long Term Capital Management）は、一時期には年率四〇％もの収益を上げていたものの、一九九八年に発生したロシア経済危機を読み違えることになり、多額の損失を出した挙句、最終的に破綻を余儀なくされた。このときＬＴＣＭは、総額一兆二千五百億ＵＳドルに上る取引契約を世界中の金融機関と締結しており、ＬＴＣＭをそのまま破綻させれば世界中の金融市場に致命的なダメージを与えかねないことが懸念された。そのため、ニューヨーク連邦準備銀行やＦＲＢは、さまざまな特別対応を取らざるを得なかったのである。

3　制度の経済学

コース（一九九一）

企業の本質とコースの定理

一九九一年ノーベル財団は、「制度上の構造と経済機能における取引コストと財産権の発見と明確化」した貢献によって、ロナルド・コースにノーベル経済学賞を授与した。実際、コースの経済学に対する貢献は、第一に、さまざまな取引費用の存在に焦点を当てることによって、経済における制度の役割を理論的に分析する新しい制度の経済学（「取引費用の経済学」あるいは「新制度派経済学」と呼ばれる）を切り拓いたことであり、第二に、さまざまな所有権のあり方が資源配分にどのような影響を与えるのかを分析する「法の経済学」という全く新しい分野を切り拓いたことである。この第一番目の貢献は、コースの「企業の本質」という論文の中で、第二番目の貢献は「社会的費用の問題」という論文の中で展開されたものである。そこでまずは、この第一番目の貢献から紹介することにしよう。

いまだロンドン・スクール・オブ・エコノミクスの学部学生であった頃、コースは、アメリカに旅行をしたことがあったのだという。イギリスの労働者階級出身であったコースは当時は社会主義者であり、当時のアメリカ社会党から大統領選挙に立候補していたノーマン・トーマスに会ったり、フォードやゼネラル・モータース（ＧＭ）を訪問したりしたようである。そしてこのような経験の中で、コースは一つの疑問に遭遇することになる。社会主義経済は、経済全体を一つの工場であるかのように中央集権的に運営しようとするものである。そして当時の西側の経済学者の多くは、このような社会主義経済のあり方に対して当然批判的であった。しかしアメリカのフォードやＧＭといった巨大企業は、社会主義経済と同様に、巨大な会社組織を中央集権的に運営しているのではないのか？　一方がうまく行かないのに、他方がうまく行くなどということがありうるのだろうか？　そもそもその違いは一体どこにあるのか？　このような疑問を考えるうちに、コースは、そもそも企業とはなぜ存在するのか、そして企業はその規模をどこまで拡大させうるのかという本質的な問題に、経済学が答えていないことに気が付くのである。このようにしてコースは弱冠二十七歳のときに「企業の本質」という小さな論文を発表する。

労働者という資源

一般にわれわれが資源を配分するには二つの方法がある。一つは、市場の中で価格メカニズムを用いて分権的に資源を配分する方法であり、もう一つは組織の内部で命令や統制を用いて中央集権的にそれを行う方法である。われわれが本を購入したいときあるいは食事をしたいとき、われわれは書店に行ってお金を払って本を購入したり、レストランに行ってお金を払って食事をしたりする。このときわれわれは、それぞれの市場で価格メカニズムを用いて、分権的にお金という資源をさまざまな製品やサービスに配分しているのである。他方、企業が製品やサービスを生産して提供しようとするとき、企業が行うことはこれとはまったく異なっている。企業は一般に、労働者と長期の雇用契約を結んで労働者を自らの組織の内部に雇い入れ、上司が労働者に指示をしてさまざまな仕事を行わせている。このとき企業は、組織の内部で命令や統制を用いて、中央集権的に労働という資源をさまざまな用途に配分しているのである。

しかしなぜ企業は、さまざまな労働者の労働を必要なときに必要に応じてその都度市場から調達せず、命令や統制を用いて、労働者の労働を長期的に内部組織の中から調達するのであろうか？　これに対するコースの答えは単純で明快である。そのほうが安いから、なのである。そしてこの単純な理由の中に、価格メカニズムを用いる市場とは別に、命令や統制を用いる内部組織が存在する理由があるのである。それはこのようなことである。

いま、企業がさまざまな労働者の労働を必要なときに必要に応じて市場から調達するというケースを考えてみよう。まず企業は、自分が必要としている労働を提供してくれる労働者を市場に行って探し出し、その労働者が自分が必要としている労働を実際に提供できるのかどうかを確認しなければならない。次に企業は、その労働者と契約を交わす交渉を行い、その労働者の労働を購入するという意思決定を行わなければならない。最後に企業は、その労働者が自らが必要としている労働を実際に提供してくれているのかどうかを監視し、それが行われていない場合にはそれを強制するための必要な措置を取らなければならない。言いかえれば、企業が自らが必要としている労働者の労働をその都度市場から調達することにすれば、企業はさまざまな取引に関わる費用、すなわち取引費用を負担しなければならないのである。

しかし企業が労働者と長期の雇用契約を結び、労働を内部組織の中から調達することにするとき、企業はこのようなさまざまな取引費用を劇的に削減することができる。例えば、企業がある特定の労働を必要とする時には、その労働を提供できる労働者を市場に探しに行く必要はない。企業は自らの内部組織の中にいる労働者に、その労働を提供するように、あるいはその労働を提供できるように訓練するように、命令すれば良い。また企業が労働者と結ぶ契約は長期契約であるので、その交渉は最初の一度だけ行えば良い。最後に企業は、賃金や昇進などのインセンティブを用いることによって、あるいは最悪の場合解雇するという脅しを用いることによって、労働者の行動をコントロールすることができる。言いかえれば、内部組織の中で命令や統制を用いてさまざまな資源を中央集権的に配分する企業というものが存在するのは、同じことを市場の中で価格メカニズムを用いて行うより、取引費用を低くできるからにほかならない。それゆえ企業は、その経営資源を市場から調達するより内部組織の中で調達するほうが取引費用が安く済む限り、その規模を拡大させることになる。

コース以前の伝統的な経済学は、取引費用の存在を明示的に考慮に入れてこなかった。このような伝統的な経済学が、企業がなぜ存在するのかという根本的な問題を問うてこなかったのは当然のことである。なぜなら、取引費用がゼロの世界では、内部組織である企業が存在する意味がないからである。そしてこれこそが「企業の本質」にほかならない。

「取引費用」と資源配分

いまアルミニウムを生産している企業の工場が、アルミニウムの生産に伴って汚染物質を排出するものとしよう。その結果、この工場の近隣住民は何らかの損害を被るものとしよう。このようなとき、一般には企業は、自らが近隣住民に与えるこの損害を費用に計上し、その分価格を引き上げるということはしない。利潤を追求し市場で他の企業と競争している私的企業に、そのようなことをする動機はどこにも存在しないからである。このようにある企業の行動が、近隣住民に損害すなわち負の影響を与えているにもかかわらず、この企業がその損害を費用負担していない場合、この企業は負の外部性を発生させていると言われる。

ある企業が負の外部性を発生させている場合、この企業にとってのアルミニウムを生産するための費用（私的費用）と、社会全体にとってのアルミニウムを生産するための費用（社会的費用）は、この企業が近隣住民に与える損害分だけ乖離している。この結果、アルミニウムの価格は社会的に望ましい価格より安くなっており、それゆえアルミニウムの生産量は社会的に望ましい生産量より過大になっていることになる。このような場合、伝統的な経済学は、この企業が近隣住民に与える損害分とちょうど同じ額だけ課税すれば良いと考えてきた。そうすれば、この企業にとってのアルミニウムを生産するための私的費用と社会全体にとっての社会的費用は一致し、アルミニウムの価格と生産量は社会的に望ましい水準に落ち着くからである。このような課税のことは、これを定式化した経済学者の名前を取ってピグー税と言われる。

しかしコースは、このピグー税に代わる全く新しい枠組みを提示した。

いま先ほどのアルミニウムを生産する企業は、汚染物質を排出することによって、近隣住民に一千万円の損害を与えているものとしよう。それと同時に、この企業は、浄化設備を設置することによって汚染物質の排出をゼロにすることができるが、それには八百万円の追加的な費用がかかるものとしよう。このとき、社会的に効率的な結果は、企業が浄化設備を設置することによって汚染物質の排出をゼロにすることである。なぜなら、それによって近隣住民が避けることのできる損害すなわち近隣住民の利益は一千万円であるが、企業が実際に負担する費用は八百万円であり、差し引き二百万円のプラスになるからである。そしてコースは、民間の当事者が交渉をする際にそのための費用がかからないのであれば、外部性の問題は民間の当事者同士の交渉で解決することができる、すなわち社会的に効率的な結果が得られることを示したのである。それはこのようなことである。

いま、近隣住民の側に汚染物質のないきれいな環境を享受する権利が法的に与えられているものとしよう。このとき、企業は、近隣住民に一千万円払うより、八百万円かけて浄化設備を設置したほうが得になるので、そうするはずである。結果的に社会的に効率的な資源配分が実現されることになる。

今度は逆に、一般にはあまり考えられないことではあるが、企業の側に汚染物質を排出する権利が法的に与えられているものとしよう。このとき、住民は、一千万円の損害を被るより、企業に八百万円払って浄化設備を設置してもらったほうが得になるので、そうするはずである。結果的にふたたび社会的に効率的な資源配分が実現されることになる。

もちろん住民の側にきれいな環境を享受する権利が与えられているのか、企業の側に汚染物質を排出する権利が与えられているのかは、所得分配には大きく影響する。住民の側に権利が与えられている場合には、企業が住民にお金を払い、企業の側に権利が与えられている場合には、住民が企業にお金を払うからである。しかし環境に対する所有権がどちらに割り当てられているかに関わりなく、住民と企業は、当事者同士の交渉を通じて、社会的に効率的な結果に到達することができる。所有権の配分は、所得分配には影響を与えるが、効率的な資源配分が実現されるかどうかには影響を与えないのである。ただし、取引費用がなければ、である。

このことを理解するために、住民が企業と交渉をする際には、弁護士費用や住民の意見を取りまとめるための費用などのさまざまな取引費用がかかるものとしよう。そしてこの住民側の取引費用は三百万円であるとしよう。このとき、住民の側に環境の所有権が与えられている場合には、話は先程と同じである。企業は住民に一千万円払うより、八百万円かけて浄化設備を設置したほうが得になり、社会的に効率的な資源配分が実現されることになる。しかし企業の側に環境の所有権が与えられている場合には、話は先程とは異なる。住民は、企業に浄化設備を設置してもらうためには八百万円支払わなければならないことに加えて、今度は取引費用の三百万円も負担しなければならない。となると住民の負担額は総額一千百万円となり、住民が企業から被る損害額一千万円を超えてしまうことになる。このとき住民は、総額一千百万円を払って企業に浄化設備を設置してもらうことはしないだろう。差し引き百万円のマイナスになるからである。それゆえこの場合には、社会的に効率的な資源配分は実現されないことになる。言いかえれば、取引費用が存在する場合には、所有権の配分は、所得分配に影響を与えるだけでなく、効率的な資源配分が実現されるかどうかにも影響を与えるのである。

当然のことではあるが、現実には、取引費用は存在する。そうであるがゆえに、所有権の配分すなわち法が、資源配分すなわち経済に大きな影響を与えるのである。法が経済に影響を与えるというのは一見自明である。しかしコースは、法はなぜ経済に影響を与えるのかという一見自明な命題の中に、答えるべき問いを見出した。そしてそれに原理的な解答を与えたのである。

法と経済学

スティグラーは以上のコースの考察を「取引費用が存在しないのであれば、外部性の問題は当事者同士の交渉で解決することができ、資源配分は所有権の法的な配分いかんにかかわらず常に効率的になる」という形に定式化した。現在この命題は「コースの定理」と言われる。しかしコースの意図は、もちろんこの定理とは逆であり、現実には取引費用が存在するからこそ、所有権の法的な配分が資源配分の効率性に大きな影響を与える、ということであった。ここに「法と経済学」というまったたく新しい学問分野が拓かれることになったのである。

この「コースの定理」に関しては、少々面白い逸話がある。コースがこの「社会的費用の問題」という論文を発表したとき、シカゴ大学の経済学部は彼を研究セミナーに呼んだことがあったのだという。シカゴ大学の経済学部は過去も現在も自由主義経済学の牙城として有名であり、当時はミルトン・フリードマンやジョージ・スティグラーといったそうそうたるメンバーが在籍していた。その自由主義経済学の牙城であるシカゴ大学の経済学者たちでさえ、取引費用が存在しなければ、外部性の問題は政府の介入を必要とすることなく、資源配分は常に効率的になるというコースの考察を当初は信じることができなかったようである。実際、セミナーが始まったとき、二十一名の参加者の内、コースの議論を正しいと考えていた人はたったの一名、残りの二十名は当然誤っていると考えていた。しかしセミナーが終わる頃には、参加者全員がコースの議論を正しいと認めざるを得なかったのだという。かくしてコースはシカゴ大学のロースクールに招かれることになったのである。

ノース、フォーゲル（一九九三）

どちらの車線を走るのか

一九九三年ノーベル財団は、「経済理論と計量的手法によって経済史の研究を一新した貢献」により、ダグラス・ノースとロバート・フォーゲルにノーベル経済学賞を授与した。いわゆる経済史の研究者にノーベル経済学賞が与えられたのは、ノースとフォーゲルが最初である。そしてわれわれは、ここでは主にノースの仕事を中心に紹介していくことにしよう。と言うのは、ノースはコースやオリバー・E・ウィリアムソンなどとともにいわゆる新制度派経済学の創始者の一人であり、その仕事は単に経済史の分野にとどまらず、広く制度の経済学全般に及ぶからである。

そもそも制度とは何だろうか？　そしてそれはなんのために存在するのだろうか？　それを理解するために、このような例を考えてみよう。

いま、われわれが自動車を運転するときのことを考えてみよう。日本やイギリスでは自動車は道路の左側を走るが、アメリカやヨーロッパの国々では自動車は道路の右側を走る。しかしいま、自動車はどちらの車線を走るべきなのかというルールがまったく存在しないときのことを考えてみよう。このときわれわれは、前からやってくる他の車が、相手にとって右側を走ってくるのか左側を走ってくるのか全くわからない。このようなとき、われわれはどうすればいいのか、途方に暮れてしまうだろう。自分が自動車を運転しているときに、前からくる他の車が右側を走ってくるのか、左側を走ってくるのかわからないのでは、危なくて仕方がない。多くの人は、そもそも自動車の運転などやめた方が得策だと考えるのではないだろうか。

しかしもちろん実際には、われわれは自動車を運転するときにこのような問題に悩まされることはない。国によって、自動車がどちら側を通行するべきか、きちんと決まっているからである。ここで注意すべきことは、みんなが同じ側を通行しさえすれば、右側通行だろうが左側通行だろうが、まったく構わないということである。みんなが同じ側を通行しさえすれば、右側通行と左側通行の間に優位性など存在しない。そしてこの右側通行や左側通行といったルール、これこそが制度であり、ここにこそ制度の本質と役割があるのである。

制度には、さまざまなものがある。しかしあらゆる制度に共通しているのは、制度は人間の行動の選択可能な集合を定義し制限するということである。制度は、それによって、人間が相互作用を行う際に安定した構造を作り出し、人間の相互作用に不可避的に伴う不確実性を減少させる。制度は、人間の行動を制限することによって、人間の相互作用をより形成しやすくすることができるのである。右側通行や左側通行といったルールがこのような意味での典型的な制度であることはもはや明らかであろう。

制度には、どのような理由であれそれが一旦決定されてしまえば、容易には変更できないという性質がある。例えば先ほどの自動車の左側通行か右側通行かという話を思い出してみよう。日本で自動車の左側通行が一般的となったのは、日本がたまたまイギリスの制度をそのまま導入したからである。このことが意味していることは、日本が左側通行になったのは、単なる歴史上の偶然にすぎなかったということである。しかしもともとはそうであったにせよ、今から自動車の通行を右側通行に変更することはほぼ不可能である。このように制度の多くには、単なる偶然的な理由によって決まったに過ぎないにせよ、後からそれを変更することは容易ではないという性質がある。このような制度の性質は、制度の経路依存性と言われる。

取引費用と不確実性

制度とは、人間が相互作用を行う際に不可避的に直面する不確実性を減少させることによって、人間の相互作用をより行い易くすることができるものである。しかし人間が相互作用を行う際に直面する不確実性とは、どのようなものだろうか？　経済行為の場合を例に考えてみよう。

われわれは日々物を買ったり売ったりしている。日常的な売買の中では、われわれはいちいち契約書を交わしている訳ではないが、形式的にはその都度暗黙の売買契約を行っていると考えることもできる。このようなとき、われわれはどのような不確実性に直面することになるだろうか。

モノやサービスを売買するとき、最初にわれわれは、取引相手を自分で探さなければならない。また自分が取引しようとしているモノやサービスが、自分が望んでいる質を兼ね備えているのか、確認しなければならない。それが確認できれば、次にわれわれは取引相手と取引契約に関する交渉を行わなければならない。そして最後にわれわれは、実際に取引相手と締結した取引契約が、きちんと履行されるかどうか確認しなければならないし、履行されなかった場合にはそれを強制する手続きを取らなければならない。このようにわれわれがモノやサービスを売買するときには、暗黙のうちにではあれ、さまざまな費用がかかっている。このような交換契約に関わる費用のことは、取引費用と言われる。このような取引費用が低ければ低いほど、われわれは安心して取引を行うことができ、経済が活発になるであろうことは容易に想像できる。

またそれと同時に、われわれがモノやサービスを売買するときには、自分の財産を所有し、自由に使え、そして売れる権利、すなわち所有権が、明確に定義され、完全に執行され、そして容易に譲渡可能であること、が前提されなければならない。もしこのような所有権が完全でなければ、交換契約には非常に大きな不確実性が伴うことになり、誰も安心して交換を行うことはできなくなるだろう。

そしてノースによれば、歴史上早くから経済を成長させてきたヨーロッパなどの先進国と発展途上国の間の差は、ヨーロッパの国々が早くから取引費用節約的な法制度・経済制度を独自に発展させ、所有権を明確に定義して保証してきたのに対して、発展途上国はそうではなかったことにあるのだという。実際現在の多くのアフリカ諸国や南米諸国のような国では、政治的な安定が保たれておらず、完全な所有権も取引費用節約的な法・経済制度も十分整備されていない。このような状態で経済が拡大、発展しないであろうことは容易に想像が付く。取引費用節約的な法・経済制度と完全な所有権の確立、これこそが経済発展の鍵である、というのがノースの見解である。まさに制度こそが重要なのである。

4　孤高の人＝セン

セン（一九九八）

潜在能力――必要な「平等」とは

一九九八年ノーベル財団は「厚生経済学への貢献」によって、アマルティア・センにノーベル経済学賞を授与した。実際、センの厚生経済学への貢献は、いわゆる社会的選択論の公理的・数理的研究から、各国の広い意味での貧困の度合いを計測しようという人間開発指数の提唱、さらには飢餓《きが》や飢《き》饉《きん》に対する経験的・実証的な研究に至るまで、非常に多岐にわたる。このような多岐にわたる仕事の中から、われわれはセンの潜在能力アプローチと彼の飢饉に関する実証的な研究を紹介することにしたい。なぜなら、センのこの二つの研究は、一見無関係なように見えるが、実は根底で深く繋がっているからである。

　現在日本を含む多くの国で、格差の拡大という事態が進行しつつあることが指摘され問題視されるようになっている。ここでいう格差とは、もちろん人々の所得の格差のことを意味しており、社会全体に存在する富が一部の人々に次第に集中しつつあることが問題視されているのである。このように格差の拡大の問題を語るとき、われわれは、人々の間で平等化されるべきものは所得や富であるということを、言わば自明なこととみなしている。しかしセンはこのようなわれわれの考え方に疑問を投げかける。センによれば、われわれの間で真に平等化すべきなのは、所得ではなく、センの言う潜在能力（ケイパビリティ）にほかならない。

　センの言う潜在能力とは、われわれが行うことができる「機能」の豊富さのことである。ここでの「機能」とは、われわれが何かをしたり、ある状態になったりすることを意味している。基本的な機能としては、例えば、「適切な栄養を得ている」「健康状態にある」「早死していない」というようなものがあげられるだろうし、もう少し複雑な機能としては、例えば、「幸福である」「自尊心を持っている」「社会生活に参加している」のようなものがあげられるだろう。そしてセンによれば、われわれの間で真に平等化すべきなのは、この潜在能力なのである。

例えば、いま食事をとっていない二人の人がいたとしよう。しかし実は、一方は、十分な所得があるにもかかわらずダイエットのために断食をしているのであり、他方は、所得がないので本当に飢えているのだとしよう。このとき、ダイエットをしている人は、「適切な栄養を得る」という機能を潜在的には果たすことができるのに対して、所得がなくて飢えている人は、「適切な栄養を得る」という機能を果たしたくとも果たすことができない。一見同じように見えるが、ダイエットをしている人はその背後にさまざまな潜在能力を持っているのに対して、所得がなくて飢えている人は持っていない。センの潜在能力アプローチとは、平等の基準は、人々が実際に「選択したこと」ではなく、その背後にある「選択肢の豊富さ」にこそ求めるべきであると考える。言いかえれば、人々が「達成した成果」ではなく「達成するための自由」にこそ求めるべきであると考えるのである。

貧困＝「所得の欠如」なのか

しかし、センはなぜ平等の基準を、われわれが通常そうするように所得や効用に置かないのだろうか。それはこういうことである。例えば、いま、身体に障害のある人のことを考えてみよう。身体に障害のある人は、仮に同じ所得を得ていたとしても、健常者と同じように行動できるわけではない。身体に障害のある人は、所得を機能に変換する能力に関して、初めから不利な立場に置かれているのである。あるいは貧しい環境で生まれ育った人々のことを考えてみよう。一般にこのような人々は、恵まれた環境で生まれ育った人々と比べると、ほんの些細なことから大きな効用を得てしまう。貧しい環境で生まれ育った人は、さまざまな出来事を効用に変換する能力に関して、初めから不利な立場に置かれているのである。言いかえれば、所得や効用といった概念は、実は窮乏状態にある人と恵まれた人とを真に識別する能力を根本的に欠いているのである。

この世界には、障害のある人とない人、第三世界に住む人と先進国に住む人、あるいは同じ先進国に住んでいるアフリカ系アメリカ人と白人のアメリカ人の間に、所得や効用といった概念では到底捕えきれないような大きな機会の不平等が存在している。センの潜在能力という概念は、このような不平等を理論化するために定式化されたものにほかならないのである。

このようにセンは、貧困を単なる所得の欠如ではなく、潜在能力の欠如であると考える。センは、貧困とは何かを達成した成果が存在しないことではなく、それを達成するための自由が不足していることであると考えるのである。それゆえセンは、いわゆる開発独裁なるものをいっさい認めない。ここでいう開発独裁とは、経済発展のためには政治的安定が不可欠であることを理由に、国民の政治的自由や市民的権利を著しく制限する政治体制のことである。確かに開発独裁は、しばしばその国の所得を大きく向上させる。しかしそれと同時に開発独裁は、人々の自由や権利を制限することによって、潜在能力を著しく損なってしまう。センにとって、所得とは確保すべき究極の目標ではなく、豊かな潜在能力を確保するための単なる手段にすぎない。それゆえセンは、所得のために自由を制限する開発独裁をいっさい認めないのである。

飢餓や飢饉はなぜ起こるのだろうか。食糧が不足しているからに決まっている、多くの人はそう考えるだろう。しかし、センによれば、実はそうではない。飢餓や飢饉を引き起こすのは、食糧不足ではなく、人々が持っている権原（エンタイトルメント）の不足あるいは機能不全である。しかしでは、この権原とは一体何なのか。センはこれを「その人が所有権を確立し意のままにできる商品のこと」であると定義している。そしてセンは、ほとんどの飢餓や飢饉を発生させる真の原因は、食糧不足ではなく、人々の持っている権原の関係に変化が生じた結果、ある特定の人々が適切な量の食糧に対する権原を確保できなくなったことにあるのだという。それはこのようなことである。

飢餓のメカニズム

センによれば、一九四三年のベンガル飢饉を起こしたメカニズムは、このようなものである。一九四三年当時、日本軍はベンガル近郊に迫っており、イギリスとインドのベンガル都市部における軍事支出は非常に大きなものになっていた。このある種の戦争景気の結果、ベンガルの都市住民の所得と購買力は大きく上昇し、食糧価格、特にコメの価格が急騰した。このコメの価格の急騰は、一般大衆のパニックと大規模な投機を引き起こすことになり、コメの価格はますます暴騰することになった。その結果ベンガル農村部の住民はコメが全く買えなくなってしまい、飢餓状態に陥ってしまった、というのである。そしてここで注意すべきことは、このとき食糧生産は全く減少していなかったということである。飢饉を引き起こした原因は、食糧生産の減少ではなかったのである。

センの言うように、もし飢餓や飢饉の原因が、食糧生産の減少ではなく、人々の権原のネットワークの変化にあるのだとしたら、これを防止するのは容易である。政府が、一時的に人々に食糧を買えるだけの収入を与え、人々の権原のネットワークを再構成すればよい。ベンガル飢饉のケースであれば、政府がコメを直接配給すればいいだろう。多くの先進国で飢餓や飢饉が生じないのは、本質的には食糧が豊富だからではない。さまざまな社会保障制度があるからなのである。

センによれば、民主的な形体の政府と比較的自由な報道のある独立国では、大きな飢饉は一度も起こったことはない。飢饉が起こるのは、昔の王国と現代の権威主義的な社会、原始的な部族コミュニティと近代的なテクノクラート独裁制、北半球の帝国主義者が支配した植民地、独裁的な国家指導者や非寛容な一党支配下にある南側世界の新興独立国などに限られているのである。

5　ゲーム理論

ハーサニ、ナッシュ、ゼルテン（一九九四）

ナッシュ均衡の発展

一九九四年ノーベル財団は、「非協力ゲームにおける均衡に関する先駆的分析」に対する貢献によって、ジョン・ハーサニ、ジョン・ナッシュ、ラインハルト・ゼルテンの三人にノーベル経済学賞を授与した。もう少し細かく言えば、この三人の貢献はそれぞれ異なっており、ナッシュがナッシュ均衡という非協力ゲームにおける均衡概念を定式化した上で、ゼルテンがこのナッシュ均衡の概念をより精緻化し、さらにハーサニがこのナッシュ均衡の概念を情報が完全ではない場合に拡張した、と言ってよい。そこでここでは、ナッシュのナッシュ均衡の概念とゼルテンのナッシュ均衡の精緻化を紹介することにしたい。

そもそもゲーム理論とは、一体どのようなものなのだろうか？　ゲームといえば、多くの人は、将棋や囲碁、チェスやトランプなどといったものを想像するかもしれない。しかし実は、このような将棋や囲碁などのゲームと、われわれや企業が日々行っている経済的な意思決定の間には、ある一つの共通点がある。将棋や囲碁では、こちらがどのような手を打てばよいかは、相手がどのような手を打ってくるかに依存しているし、それは相手にとっても同じである。それと同様に、企業が自社製品にどのような価格設定を行えばよいかは、ライバル企業がどのような価格設定を行ってくるかに依存しているし、それはライバル企業にとっても同じである。将棋や囲碁などのゲームの場合にも、企業が価格を決める場合にも、われわれの意思決定は複雑な相互依存関係にあり、互いに影響を及ぼし合っている。ゲーム理論とは、われわれの意思決定がこのような相互依存関係にあるときに、どのような結果が生まれてくるのかを予測しようとする学問のことである。

投資家とチェーンストア

例えばいま、投資家とチェーンストアがあり、投資家は事業に参入するかしないか、チェーンストアは協調するか対立するかの選択肢を持っているとしよう。そして投資家とチェーンストアのそれぞ

		チェーンストア 協調	チェーンストア 対立
投資家	参入する	2, 2	0, 0
投資家	参入しない	1, 5	1, 5

表1

		女性 野球	女性 バレエ
男性	野球	2, 1	0, 0
男性	バレエ	0, 0	1, 2

表2

れの利益は表1のようになっているとしよう（投資家の利益が左側の数字、チェーンストアの利益が右側の数字である）。いま仮にチェーンストアが協調してきたとしたとき、投資家はどうすればよいだろうか？　事業に参入すれば、投資家の利益は2であるが、参入しなければ、投資家の利益は1になるので、投資家はこの場合には参入したほうが得である。では今度はチェーンストアが対立してきたら、投資家はどうすればよいだろうか。参入すれば、投資家の利益は0であるが、参入しなければ、投資家の利益は1になるので、投資家はこの場合は参入しないほうが得である。チェーンストアに関しても同じように推論すると、チェーンストアは、投資家が参入してきたときには協調し、投資家が参入してこなかったときには対立をしたほうが得であることが分かる。以上のことをまとめると、お互いがお互いに得な行動を取り合っているのは、投資家が参入しチェーンストアが協調する場合（参入する、協調）と、投資家が参入せずチェーンストアが対立する場合（参入しない、対立）の二つである。このように、お互いがお互いに最適な行動を取り合っている状態のことをナッシュ均衡という。

このようにナッシュ均衡は一般に一つとは限らない。例えば表2のようなゲームを考えよう。このゲームの場合には、男性と女性がともに野球に行くというのはナッシュ均衡であるが、男性と女性がともにバレエに行くというのもナッシュ均衡である。さらに、ここでは詳しい導出は行わないが、男性が3分の2の確率で野球を選び、3分の1の確率でバレエを選ぶ、女性が3分の1の確率で野球を選び、3分の2の確率でバレエを選ぶというのも、ナッシュ均衡になっていることを証明することができる。このようにプレイヤーが確率的に行動を選択する戦略のことを混合戦略という。そしてナッシュは、戦略の数が有限であるn人非協力ゲームでは、混合戦略を含めれば、このようなナッシュ均衡がかならず存在することを証明したのである。

このようにナッシュ均衡は一般に複数存在しうる。しかしナッシュ均衡が一般に複数存在し、そのうちのどれが実現するのかわからないというのでは、ゲーム理論の予測力は極めて貧弱であると言わざるをえない。そこでゼルテンは、複数あるナッシュ均衡の内で、どの均衡がより実現しやすい均衡なのかを考える、すなわち、複数あるナッシュ均衡の数を絞り込むことはできないだろうかと考えた。そしてゼルテンが定式化したのが「部分ゲーム完全均衡」という概念である。それはこのようなことである。

不完全均衡と完全均衡

いま、先ほどの表1のゲームを、図3-1のように、プレイヤーの行動に順番を付けて展開した形に変形することにしよう。このような形のゲームのことは展開形ゲームと言われる。

いま、この展開形ゲームで、二番目のチェーンストアの選択を先に考えてみることにしよう。二番目のチェーンストアの選択では、協調すれば利得は2、対立すれば利得は0なので、チェーンストアは協調するはずである。すると、最初に参入するかしないかを判断する投資家はこのことを知っているので、参入すれば利得は2、参入しなければ利得は1となり、投資家は当然参入するはずである。このゲームを表1のように行列の形で表していたときには、ナッシュ均衡は、（参入、協調）と（参入しない、対立）の二つであった。しかしこの同じゲームを図3-1のように展開形の形で表すと、ナッシュ均衡は（参入、協調）のみである。だとすれば、行列の形で表していたときのこのゲームの二つのナッシュ均衡の内、（参入、協調）は（参入しない、対立）より明らかに実現しやすい均衡であると推測できそうである。そして実際この推測は正しいのである。それはこのようなことである。

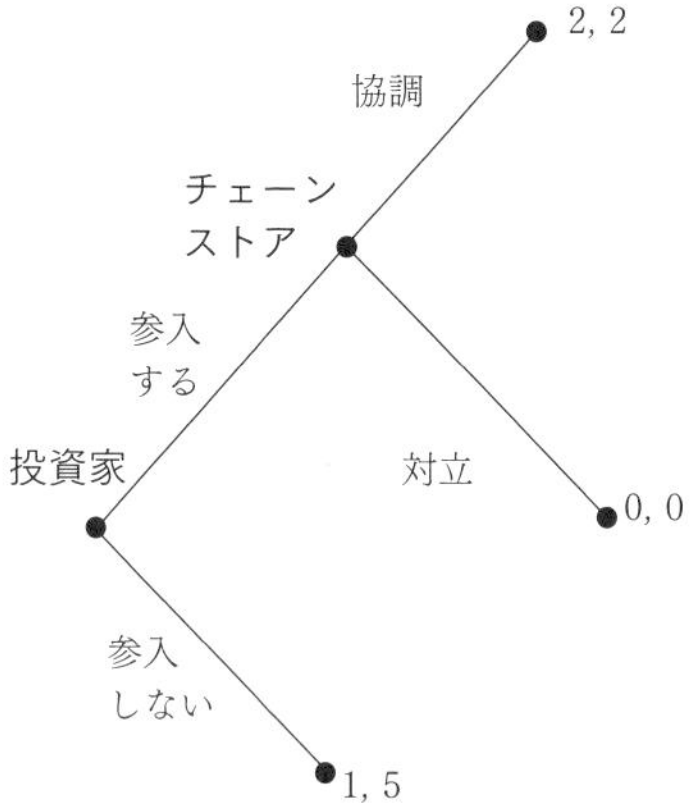

図3-1

いま、先ほどの表1の行列形のゲームに戻ろう。チェーンストアが対立してくるとき、参入すれば利益は0、参入しなければ利益は1なので、投資家は参入しないほうが得である。しかし図3-1の展開形のゲームを見ると、投資家が「実際に」参入したときには、チェーンストアは対立ではなく協調を選ぶことになる。すなわち、チェーンストアは投資家に、「お前が参入してきたら対立してやるぞ」と事前には言うものの、投資家が「実際に」参入してきたらあっさり協調することになる。言いかえれば、チェーンストアの対立という戦略は信頼性のない空脅しなのである。

ゼルテンはこのような信頼性のない脅しを含む均衡のことを不完全均衡、逆に信頼性のない脅しを含まない均衡のことを完全均衡と名付けた。そして、すべての部分ゲーム（図3-1の例で言えば、二番目のチェーンストアの選択以降の部分）でナッシュ均衡となっているならば、そのような均衡は信頼性のない脅しを含まない完全均衡となっていることを示したのである。

6 新古典派経済学の精緻化

ベッカー（一九九二）

人間行動の経済学化

一九九二年ノーベル財団は、「非市場行動を含む広範にわたる人間行動と相互作用にミクロ経済分析を応用した貢献」によって、ゲイリー・ベッカーにノーベル経済学賞を授与した。実際、ベッカーは、経済主体の最適化仮説というミクロ経済学の分析手法を、教育や家族、犯罪、人種差別等、一見経済学とは無縁そうに見える分野にまで拡張することによって、さまざまな興味深い結論を導き出した。このように伝統的な経済学の守備範囲を超えるようなさまざまな人間行動を、ミクロ経済学的な手法で説明できるというベッカーの仕事は、発表当時は経済学者を含む多くの人々の困惑を招き、「経済学帝国主義」などという批判を受けることも多かった。しかしこのようなベッカーの仕事は、現在ではむしろ常識となっていたり、常識とまで言えないが議論の出発点となっていたりするものも少なくない。そこでここではこのようなベッカーの仕事のうち、教育に対する経済学的分析である人的資本の理論、結婚や出生などに対する経済学的な分析である家族の経済学、犯罪行為に対する経済学的な分析である犯罪の経済学を簡単に紹介することにしよう。

教育＝投資

現在多くの人は高校や大学に進学して一般教養や特定の分野の専門的知識を身に付けようとする。また、高校や大学を修了して仕事をするようになると、今度はさまざまな職業訓練を受けて職業上必要な知識や技術を身に付けようとする。しかし人はなぜ多額の費用や多くの時間をかけて、高等教育機関に進学したり職業訓練を受けたりするのであろうか。企業が多額の費用をかけて工場を建設したり新しい機械設備を導入したりするのは、それが投入した費用以上の高い収益を将来生み出してくれるからである。それと同様に、われわれが多額の費用をかけて教育や職業訓練を受けるのは、それが投入した費用以上の高い所得を将来生み出してくれるからである。われわれが教育や職業訓練を受けるのは、ある種の投資行為なのである。企業が将来の収益を生み出すために建設する工場などのことを、物的資本と呼ぶ。そうであれば、われわれが将来の所得を生み出すために受ける教育のことを、ある種の資本と呼んで差し支えないだろう。かくしてわれわれは、自身の能力を高めるような教育や職業訓練のことを、人的資本と呼ぶようになったのである。

ベッカーの人的資本の理論への貢献は、このような投資としての教育や職業訓練を、ミクロ経済学の分析手法、すなわち人間の最適化仮説を用いて厳密に数学的に定式化すると同時に、高等教育を受けた時の収益率がどれくらいになるのかをデータを用いて推計したことである。かくして現在教育の経済学あるいは学力の経済学と呼ばれる全く新しい経済学の一分野が、ここに切り拓かれることになったのである。

徹頭徹尾経済的に

人はなぜ結婚するのだろうか？　あるいは人はなぜ配偶者との間に子供を作ろうとするのだろうか？　もちろん最も標準的な答えは、愛し合っているから、ということであろう。しかしベッカーは、結婚や家族といったわれわれにお馴染みの制度を、徹頭徹尾経済的に考察してみたらどうなるだろうか、と考えた。そしてそこからさまざまな考察を導き出した。それはこのようなことである。

いま、家族を、配偶者や子供といった成員から構成される一つの工場であると考えよう。この家族という工場は、市場で購入できる財や時間といったさまざまな投入物を投入することによって、食事や健康、子供などといったさまざまな産出物を産出し、家族の成員はそのようなさまざまな産出物から最終的に満足を得る。そしてベッカーは、この家族という工場は、ミクロ経済学が想定する合理的な最適化主体と同様に、産出物から得られる満足が最大になるようにさまざまな投入物を組み合わせて投入すると考えた。

例えば、家族が時間を市場労働と家事労働にどのように振り分けるかという問題を考えてみよう。リカードの比較生産費説によれば、夫婦二人が市場労働と家事労働の両方を行うより、どちらか一方がより得意な方に特化したほうが、夫婦二人の全体としての労働の生産性は高くなる。例えば、あまりに時代遅れな例ではあるが、もし夫が家事労働より市場労働のほうが得意なのであれば市場労働に特化し、妻は家事労働に特化したほうが、夫婦二人の全体としての労働の生産性は高くなるのである。結婚していれば、われわれはリカードのいう分業の利益を利用することができ、時間をより効率的に利用できるようになる。言いかえれば、経済的には、結婚していた方が、独身であるより、明らかにより満足度の高い効率的な資源配分に到達することができるようになるのである。そしてこれは明らかに結婚していることのメリットの一つにほかならない。

ベッカーは、このように結婚を徹頭徹尾経済的に考察してみるということから、さまざまな帰結を導き出した。例えば、女性の就業機会が拡大して女性の社会進出が進み、女性の賃金がどんどん上昇したとき、これは結婚や出生にどのような影響をもたらすだろうか？　女性の賃金が高くなると、女性が家事労働に特化することによって発生する遺失利益がより大きくなるはずである。女性が家事労働に特化することはより高く付くようになるのである。このようなとき女性は、自らの時間を家事労働から市場労働にシフトさせることによって対応することになるだろう。結果的に女性が結婚していなければならない経済的メリットはより小さくなり、離婚が増えたり未婚化が進行したりするはずである。また同様に、女性の社会進出が進んだり女性の賃金が高くなったりすると、女性が子供を産むことによって遺失利益がより大きくなるはずである。女性は出産するためには一旦仕事から離れなければならないからである。このようなとき女性は、出産する子供の数を減らす、あるいはそもそも子供を産まなくすることによって対応することになるだろう。結果的に出生に関しては、言わば量から質へのシフトが起こり、少ない子供に高い教育費をかけるようになり、少子化が進行するはずである。そしてこのような離婚・未婚の増加や少子化といった現象は、まさしく女性の社会進出が進んでいる日本を始めとする先進国で進行している現象にほかならない。この家族の経済学に関しては、ベッカーの先見の明は高く評価されてしかるべきであろう。

犯罪を犯しやすい人

われわれはなぜ犯罪を犯すのだろうか？　あるいはどのような人たちが犯罪を犯しやすいのだろうか？　多くの人は、われわれは激情や衝動に駆られてついつい犯罪を犯してしまうのだ、と考えることだろう。しかしベッカーは、結婚や家族と同様に、犯罪もまた、徹頭徹尾経済的に考察してみたらどうなるだろうか、と考えた。それはこういうことである。

犯罪を犯すことには、われわれがモノやサービスを購入するときと同様に、便益と費用がある。犯罪を犯したときの便益とは、例えば詐欺を犯したときには詐取できた金額のことである。犯罪を犯したときの費用とは、逮捕される確率に逮捕されたときに科される刑罰を掛けたものに等しい。犯罪を犯したときには、便益は必ず得られるが、必ず捕まるとは限らないので、その費用を算出するには捕まったときに科される刑罰に捕まる確率を掛けなければならない。そしてベッカーは、ミクロ経済学で経済主体がそのように想定されるのと同様に、犯罪者はこの犯罪の便益から犯罪の費用を引いた犯罪の純便益が最大になるように犯罪を選択すると考えた。犯罪者は犯罪を犯すことの限界便益が限界費用に等しくなるように犯罪を選択するのである。

犯罪者がこのように合理的に犯罪を選択しているのであれば、犯罪の費用すなわち犯罪に伴う期待刑罰を引き上げれば、犯罪者の選択する犯罪は少なくなるはずである。犯罪に伴う期待刑罰を引き上げるためには、犯罪者が逮捕される確率を引き上げるか、犯罪者が逮捕されたときに科される刑罰を引き上げるかのどちらか（あるいは両方）を行えば良い。前者の場合には、警察官を増員したりする必要があるだろうし、後者の場合には、法律を改正したり刑務所を増設したりする必要があるだろう。いずれにせよ、このような措置には費用がかかる。それゆえすべての犯罪を抑止しようとすることは、原理的に不可能である。しかしより重要なことは、犯罪の抑止に費用がかかる以上、すべての犯罪を抑止しようとすることは、そもそも経済的に効率的でないということである。われわれは犯罪抑止の限界便益が限界費用と等しくなる効率的な点以上に、犯罪抑止のために希少な資源を投入すべきではないのである。

このベッカーの犯罪に対する定式化が正しいとすれば、どのような人が犯罪を犯しやすいことになるのだろうか。明らかに、所得の低い人は犯罪を犯しやすいと言えそうである。というのは、所得の低い人は、犯罪を犯して逮捕されたときに失う所得が小さい、すなわち逮捕されたときの期待刑罰が小さいからである。また時間割引率の高い人も犯罪を犯しやすいと言えるだろう。時間割引率の高い人は、近視眼的であり、犯罪を犯したときに「すぐに」得られる便益を過大に評価し、犯罪を犯したときに「将来」科される刑罰を過小に評価してしまう傾向があるからである。このような犯罪を犯しやすい人に関するベッカーの考察は、実際にさまざまな統計データによって確認されている。

常識をくつがえす

ベッカーの仕事は、狭い意味での人間の経済行動の範囲を超えて、教育や結婚、犯罪や人種差別などさまざまな人間の社会行動を、最適化仮説の枠組みで説明し尽くそうというものであった。そしてベッカーがそこから導き出した考察は、多くの場合自由主義的なものであった。実際、ベッカーは自由主義経済学の牙城であるシカゴ大学の教授を長らく務めており、ミルトン・フリードマンやジョージ・スティグラーなどと並んでシカゴ学派を代表する経済学者であった。しかしベッカーは、シカゴ学派の特徴はなにかと問われた際には、「自由主義的な学派である」というのではなく、「世の中の常識をくつがえすような衝撃的な理論を発表し、それを守りぬく学派である」と答えていたのだという。実際、ベッカーの仕事は、そのどれもが発表された当時は「世の中の常識をくつがえすような衝撃的な」ものであった。そしてしばしば「経済学帝国主義」などと揶揄されたものであった。しかし教育にせよ結婚にせよ犯罪にせよ、われわれ人間の行動には必ず経済的な側面が存在する。われわれが近年身をもって体感しているように、教育も結婚も犯罪も、経済から非常に大きな影響を受けるのである。ベッカーの仕事をこのように理解すれば、それは一見するほど突拍子もないものには見えなくなってくるだろう。それがベッカーにとって喜ぶべきことなのか悲しむべきことなのかは分からないが。

ルーカス（一九九五）

ルーカスの合理的期待革命

一九九五年ノーベル財団は、「合理的期待仮説の理論を発展応用することによって、マクロ経済分析の性質を大きく変えると同時に、経済政策に対するわれわれの理解を深めた貢献」によって、ロバート・ルーカスにノーベル経済学賞を授与した。実際、ルーカスは、合理的期待形成仮説の定式化によって、マクロ経済学という学問分野のあり方を、良くも悪くも根本的に変えたと言って良い。そこでわれわれは、このルーカスの合理的期待形成仮説とその意義を、インフレーションの変化率と失業率の間の関係を示すフィリップス曲線に関する議論の中で、説明することにしよう。

フィリップス曲線とは、インフレーションの変化率と失業率の間にはトレードオフの関係がある、すなわち、インフレ率が上がれば失業率が下がり、逆にインフレ率が下がれば失業率が上がるという関係があることを示した曲線のことである。このフィリップス曲線の発見は、単にマクロ経済にこのような統計的な法則があるということを発見したのにとどまらず、マクロ経済政策に対する考え方そのものに根本的な影響を与えることになった。なぜならもし政府が財政・金融政策によってインフレ率をある程度コントロールできるのだとしたら、このフィリップス曲線は、政府は多少のインフレさえ許容できれば失業を減らすことができる、逆に多少の失業さえ許容できればインフレを抑えることができるということを示しているからである。今や政府は、「高インフレ＋低失業」か「低インフレ＋高失業」か、を自由に選択できる、と考えられるようになったのである。

これに対して、ミルトン・フリードマンやエドマンド・フェルプスといった経済学者は、このフィリップス曲線の議論に、期待インフレ率という新しい概念を導入した。そして実際に経済に存在するのは、インフレ率と失業率との間のトレードオフの関係ではなく、予想されないインフレ率（実際のインフレ率－期待インフレ率）と失業率との間のトレードオフであると主張した。もしこのフリードマンやフェルプスの議論が正しいのであれば、インフレ率と失業率との間のトレードオフの関係は、短期的には存在するものの、長期的には存在しないことになる。このようなフィリップス曲線は、修正されたフィリップス曲線と言われる。

インフレと失業

いま政府が拡張的な財政・金融政策を採用し、実際にインフレが発生するが、一般の労働者や企業はこのようなインフレの発生を予想していなかったとしよう。この時には、予想されないインフレ率はプラスになり、確かにインフレ率と失業率の間にトレードオフの関係が存在しうることになる。すなわち、一般の労働者や企業のインフレ期待が実際のインフレに追い付かない短期においては、インフレは確かに失業率を減少させることになるのである。しかし労働者も企業も毎度政府に騙されるほどバカではない。もし政府が拡張的な財政・金融政策を採用し続ければ、一般の労働者や企業は実際のインフレ率を正確に予想するようになるだろう。この時には、予想されないインフレ率はゼロになり、インフレは存在するものの失業率との間にトレードオフの関係は存在しないことになる。すなわち、一般の労働者や企業のインフレ期待が実際のインフレに追い付く長期においては、インフレは失業率を全く減少させないことになるのである。

フリードマンやフェルプスはこのようにフィリップス曲線の議論に期待インフレ率という概念を導入したものの、実際に経済主体がどのように期待を形成するのかという問題に関しては、適応的期待形成仮説のような極めてプリミティブな理論しか持ち合わせていなかった。ここで適応的期待形成仮説とは、次期のインフレ率に対する予想を、今期の予想ミス（実際のインフレ率－予想のインフレ率）がプラスであったならばプラス方向に、マイナスであったならばマイナス方向に修正していくというものである。しかし、このような適応的期待形成仮説は、経済主体はインフレに対する予想ミスを犯し続けるにもかかわらず、予想の仕方自体を根本的に考え直すことはないと想定している。この適応的期待形成仮説は、経済主体は決して賢くはない＝合理的ではないと想定している点では、フリードマンやフェルプスがいう短期の場合を基礎付けることはできるが、長期の場合を基礎付けることはできないのである。

ルーカスが定式化した合理的期待形成仮説とは、経済主体は常に利用可能なすべての情報を用いて最善の期待形成を行うというものである。ここでは経済主体は、利用可能な情報を常にアップデートし、最善の期待形成を行うものとされる。適応的期待形成仮説は過去の予想ミスに基づいてこれからの予想を形成していくとされている点で、言わば「後ろ向き」（backward looking）の期待形成理論であった。これに対して、合理的期待形成仮説は利用可能なすべての情報を常にアップデートしながらこれからの予想を形成していくと想定されている点で、言わば「前向き」（forward looking）の期待形成理論である。そしてルーカスは、この合理的期待形成仮説を用いれば、経済主体が予想できなかったインフレ率だけが失業率を引き下げることができることを示すことに成功した。ルーカスはフリードマンやフェルプスの修正されたフィリップス曲線を、合理的期待形成仮説を用いることによって、理論的に基礎付けることに成功したのである。

ルーカスが、合理的期待形成仮説を用いて、フィリップス曲線に関して示したことは、政府の財政・金融政策のような経済政策の効果は、家計や企業のような経済主体がそれを予想できているかどうかに依存する、ということである。先ほどのフィリップス曲線に関して言えば、政府が拡張的な財政政策を行ってインフレ率を上昇させたとき、もし家計や企業がそれを予想できていなかったのだとしたら、このインフレ率の上昇は実際に失業率を引き下げる効果を持つことになる。しかし、もし家計や企業がそれを予想できていたのだとしたら、このインフレ率の上昇は失業率を引き下げる効果をまったく持たないことになるのである。

ルーカス批判——マクロ経済学を変えた

伝統的なマクロ経済学は、経済全体の消費や投資、政府支出などの経済全体の集計量同士の相互作用が、いかにGDPや金利を決定しているのかを記述しているものであった。このような伝統的なマクロ経済学では、例えば政府が減税を実行すれば、必ず経済全体の消費を押し上げ、最終的にGDPを押し上げることになると想定していた。しかしルーカスによれば、もし各経済主体が将来の経済に関して合理的に予想を形成しているのであれば、このような議論は何ら理論的根拠を持たないことになる。例えば、政府が現在減税すると同時に将来増税することを予定しておらず、それを家計は合理的に予想しているものとしよう。このようなとき、家計はおそらく減税分＝所得の増加分を消費に回すことになるだろう。しかし、政府が現在減税する代わりに将来増税することを予定しており、それを家計が合理的に予想しているものとしよう。このようなときには、家計は将来の増税に備えて減税分＝所得の増加分をそのまま貯蓄に回してしまい、消費を増やすことはないだろう。伝統的なマクロ経済学は、政府の経済政策が、経済主体の予想を通じて、経済主体の行動そのものを変えてしまうことがあり得るということ、経済政策と経済主体の行動の相互作用を全く考慮に入れていなかったのである。

ルーカスの伝統的なマクロ経済学とそれに依拠する伝統的な計量経済モデルに対するこのような批判は、「ルーカス批判」と言われる。

この伝統的なマクロ経済学とマクロ計量経済モデルに対するルーカスの批判は、マクロ経済学のあり方そのものを根本的に変えてしまうことになった。なぜなら、いまやマクロ経済政策の効果を正確に予測できるためには、マクロ経済学は、各経済主体がどのように行動するのかをモデルの中に組み込んでいなければならないことになるからである。マクロ経済学は、伝統的なマクロ経済学のように、すなわち消費関数はＧＤＰや租税の関数であるとか、投資関数は利子率の関数であるとかいうような、経済全体の集計量同士の関係から議論を出発させるわけにはいかなくなった。いまやマクロ経済学は、各経済主体が将来の出来事を予想しながらどのように消費や投資を最適に決定するのかといった、各経済主体の最適化行動から議論を出発させなければならないことになったのである。このようにマクロ経済学は各経済主体の最適化行動にその基礎を置かなければならないという考え方のことは、「マクロ経済学のミクロ的基礎付け」と言われる。そして現在では、少なくともスタンダードな経済学の世界では、「ミクロ的基礎付け」のないマクロ経済学は、厳密な学問ではないとみなされるのが一般的になった。ルーカスは、ノーベル財団の言うように、マクロ経済学のあり方を根本的に変えてしまったのである。

実際、伝統的なマクロ経済学に対するルーカスの批判は、「理念的には」正しいというほかはない。経済政策の効果は各経済主体の予想や行動に依存するであろうことは間違いないからである。しかし経済全体の集計量同士の関係から出発する伝統的なマクロ経済学に代わって、各経済主体の最適化行動から出発するミクロ的基礎付けをもった新しいマクロ経済学が、マクロ経済現象に対して経験的に意味のある洞察を与えてくれるのかどうかはまた別の問題である。それはこのようなことである。

現在の新しいマクロ経済学は、代表的家計や代表的企業と呼ばれる、あるひとつの典型的な家計や企業を想定し、その最適化行動から議論を出発させる。すべての家計の選好やすべての企業の技術の情報を入手した上で、それぞれの最適化問題を解き、最終的にそれを集計するなどということはそもそも絶対に不可能だからである。それゆえ、経済全体の消費関数は、代表的家計が最適化行動の結果決定した個々の消費と同じ性質を持っており、同様に経済全体の投資は、代表的企業が最適化行動の結果決定した個々の投資と同じ性質を持っていると想定している。

言いかえれば、経済全体の消費や投資は、代表的家計や企業といったミクロの消費や投資をそのまま相似拡大したものに等しくなっていると想定しているのである。しかしいま、空気中の熱あるいは温度という物理現象のことを考えてみよう。物理学の熱・統計力学によれば、空気中の温度の上昇とは、空気中の気体分子が激しく動き回ることに等しい。空気中の温度はいわばマクロの現象であり、気体分子の振る舞いはミクロの現象である。このとき、現在の新しいマクロ経済学のアプローチは、部屋の温度を知るためには、代表的な気体分子の振る舞いを取り上げてそれを分析すればよい、と言うのと同じである。しかし、このような新しいマクロ経済学のアプローチは、われわれのマクロ経済現象に対して経験的に意味のある洞察を与えてくれると言えるのだろうか？ これに対する回答は読者の皆さんに任せることにしよう。

マーリーズ、ヴィックリー（一九九六）

非対称情報――「会社はわかっていない」

一九九六年ノーベル財団は、「非対称情報下におけるインセンティブの経済理論に対する根本的貢献」によって、ジェームズ・マーリーズとウィリアム・ヴィックリーにノーベル経済学賞を授与した。ウィリアム・ヴィックリーはノーベル経済学賞を受賞した三日後に亡くなったため、授賞式には登場しないというやや珍しいケースであった。マーリーズとヴィックリーの仕事は、以前は保険や雇用関係などの分析に限定されていた非対称情報の経済学を最適課税論やオークションの理論に応用することによって、非対称情報の経済学の適用範囲を飛躍的に広げることとなった。それと同時に、彼らの仕事は、課税論やオークションの理論に非対称情報の経済学から光を当てることによって、従来までの課税論やオークションの理論のあり方を一新したのである。

そもそも非対称情報の経済学とはどのようなものなのだろうか？　簡単に復習しておこう。いま会社が労働者を雇用するケースを考えよう。労働者は自分自身がどれほど能力が高いのか、頑張って仕事をしているかどうかを知っているが、会社はそれを完全にはわからないことが多い。あるいは自動車保険の会社と加入者のケースを考えよう。自動車保険の加入者は自分の運転が上手なのか、日々安全運転を心がけているかどうかを知っているが、保険会社はそれを完全にはわからないだろう。このように、例えば雇用者と労働者、保険会社と保険の加入者の間では、一方は自分自身のことをよく知っているが、他方はそれをよく知らないということがしばしば起こる。このような場合には、雇用者と労働者、保険会社と保険の加入者の間には情報の非対称性が存在するという。またものごとを依頼する側をプリンシパル、依頼される側をエージェントという。会社が労働者を雇用する場合では、会社がプリンシパル、労働者がエージェントである。

このようにプリンシパルとエージェントの間に情報の非対称性が存在するときには、さまざまな問題が起こりうる。労働者は、会社側の自分に対する監視が行き届かないことをいいことに、どうせ給料はもらえるのだからと考えて、頑張って仕事をしないかもしれない。あるいは自動車保険の加入者は、保険会社の自分に対する監視が行き届かないことをいいことに、どうせ保険に入ったのだからと考えて、安全運転にあまり注意を払わないかもしれない。このようにプリンシパルとエージェントの間に情報の非対称性が存在する場合には、エージェントはプリンシパルが期待するほどには努力をしない可能性がある。このような場合のことを、モラルハザードという。そしてマーリーズやヴィックリーが考えたのは、政府が労働者に税金をかける、あるいはオークショニアがオークションを開催する場合には、まさにこのモラルハザードと同じ問題が発生しうるのだということ、そしてこれを回避するためにはどのような制度設計を行えばよいのか、ということだったのである。それはこのようなことである。

いま、われわれがオークションを開催して、モノやサービスを売却するときのことを考えよう。われわれはできるかぎり高い値段でモノやサービスを売却したいと考える。しかしわれわれはオークションの入札者のモノやサービスに対する評価額を知らない。言いかえれば、われわれとオークションの入札者の間には、入札者の評価額に関して、情報の非対称性が存在するのである。このようなとき、われわれはオークションをどのように設計すれば、入札者に自分の評価額を正直に入札するように仕向けることができるのであろうか？

ヴィックリーオークション

オークションには大きく分けて、公開入札方式と封印入札方式がある。公開入札方式では、入札者は相互の提示価格を知ることができるが、封印入札方式では、入札者が相互の提示価格を知ることができない。いま後者の封印入札方式の場合を考えよう。この封印入札方式には、さらにファーストプライスオークションという方式とセカンドプライスオークションという方式がある。ファーストプライスオークションでは、モノやサービスは最も高い価格を提示した入札者に販売され、入札者はその自分が提示した最も高い価格を支払う。セカンドプライスオークションでは、モノやサービスは最も高い価格を提示した入札者に販売されるが、入札者は自分が提示した最も高い価格ではなく、競合した入札者が提示した二番目に高い価格（競合した入札者の最高価格）を支払う。一見すると、モノやサービスは、ファーストプライスオークションのほうがセカンドプライスオークションより高い価格で落札されるように見える。しかしヴィックリーは、ファーストプライスオークションでは、入札者は自分の評価額を正直に申告しないインセンティブが存在するのに対して、セカンドプライスオークションでは、入札者は自分の評価額を正直に申告するインセンティブが存在するという驚くべき命題を証明した。セカンドプライスオークションでは、入札者は自分の真の評価額を正直に表明するインセンティブが存在するのである。このようなセカンドプライスオークションは、これを考案したヴィックリーの名を取って、ヴィックリーオークションと言われる。そして、このヴィックリーオークションの基本的な考え方は、政府が民間企業に電波の周波数帯を割り当てる際に行ういわゆる周波数オークションなどに、実際に応用されるようになっているのである。

税制の「効率性」

今度は政府が人々に所得税を課すときのことを考えよう。政府は、能力の高い人には多く課税し、能力の低い人には少なく課税したいと考える。政府はこのような課税を行うことによって、能力の高い人から低い人に所得を移転し、公平性を確保したいのである。それと同時に政府は、能力のそれほど高くない人に分不相応に重い課税を行うことによって、人々の働く意欲を阻害したくないと考える。政府は税制を設計するに際して、公平性だけでなく、効率性を確保したいのである。しかし政府は、人々の所得を観察することはできるが、人々の能力を観察することはできない。所得の高い人に高い税金を課せば、自動的に能力の高い人に高い税金を課すことになるわけではない。人々の所得は、その人の能力だけではなく、その人の努力やその他の偶然的な要因にも左右されるからである。言いかえれば、政府と人々の間には、天賦の能力に関して、情報の非対称性が存在するのである。このようなとき、われわれは税制をどのように設計すれば、人々に自分の能力を正直に開示する、言いかえれば自分の能力を偽らずに働くように仕向けることができるのであろうか？

このような問題、すなわち人々の労働意欲を阻害しない効率的な税制の設計を考える経済理論のことは、現在では最適課税理論と言われる。このような最適課税理論は、ヴィックリーが最初に問題を設定し、マーリーズがそれに厳密な数学的表現を与えることに成功した。マーリーズのモデルは数学的には非常に複雑であり、最適な所得税率がどのようなものになるかという結論は、人々の能力がどのように分布しているかなどの、さまざまな仮定に大きく左右される。マーリーズ自身は、税率が所得にかかわらず完全に一律であるような所得税制や、所得の低い人と高い人の限界税率がともにゼロになるような税率がS字型をした所得税制などを提案した。

ヴィックリーやマーリーズ以前の税に関する議論は、いかに公平性を担保できるかという議論であった。しかしヴィックリーやマーリーズ以降の税に関する議論は、いかに公平性と効率性をバランスさせるかという議論になった。以前は八〇%ほどもあった日本やアメリカの所得税の最高税率が、現在では五〇%程度に抑えられるようになったのは、明らかに彼らの議論が影響力を持った結果である。ヴィックリーやマーリーズは税制の理論だけでなく、現実の税制をも根本的に変えたのである。

7　ユーロの理論的基礎

マンデル（一九九九）

「最適通貨圏」理論の誕生

一九九九年ノーベル財団は「さまざまな通貨体制における金融・財政政策に関する分析と最適通貨圏に関する分析」に対する貢献によって、ロバート・マンデルにノーベル経済学賞を授与した。マンデルのこの二つの仕事、すなわち固定相場制と変動相場制において財政・金融政策の効果はそれぞれどのように異なるのかを分析したいわゆるマンデル＝フレミングモデルと、ある特定の地域全体で単一の通貨を採用することができるための条件とはどのようなものかを分析した最適通貨圏の理論は、現在では国際経済学の常識となっている。そして言うまでもなく、後者の最適通貨圏の理論は、現在ヨーロッパの二十五ヵ国で採用されている共通通貨であるユーロの導入を、経済学的に基礎付けた理論にほかならない。そこでまずわれわれは最適通貨圏の理論から説明することにしよう。

いま、例えばある国が固定相場制の通貨圏、例えばユーロ圏に加入するかどうかを検討しているとしよう。このとき、ある国がユーロ圏に加入し、自国通貨とユーロとの交換比率を固定させた場合のメリットとはどのようなものであろうか。それはこういうことである。いまある国の通貨とユーロとの交換比率が変動相場制によって決定されているとしよう。このとき、この国がユーロ圏の国と輸出や輸入を行う際には、計算や決算のための費用が発生するのは当然のことであるが、そもそも国際取引に関わるさまざまな意思決定が為替レートの変動に伴う非常に大きな不確実性にさらされることになる。しかしもし、ある国の通貨とユーロの交換比率が固定されていれば、輸出や輸入を行う際の計算や決算のための費用も発生しないし、国際取引に関わる意思決定が為替レートの変動に伴う不確実性にさらされることもない。このようにある国が固定相場制の通貨圏に加入するメリットは、その国が固定相場制の通貨圏の国と行う貿易や資本・労働の移動が盛んであればあるほど、大きいはずである。言いかえれば、ある国と固定相場制の通貨圏の国との経済統合の度合いが高ければ高いほど、その国が固定相場制の通貨圏に加入することのメリットは大きくなるのである。

では、ある国がユーロ圏に加入し、自国通貨とユーロとの交換比率を固定させた場合のデメリットとはどのようなものであろうか。それはこういうことである。いまある国の通貨とユーロとの交換比率が変動相場制によって決定されているとしよう。そしてその国が不況に陥ったとしよう。このとき、この国は拡張的な金融政策を採用することによって、国内の金利を下げることができる。国内の金利が下がるとその国で資産を運用することが損になるので、一般に為替レートは減価し、その国の財やサービスの価格は他国にとって割安になる。このことは、その国の輸出を増やし、その国の経済を回復させることになるだろう。このように、ある国の通貨とユーロとの交換比率が変動相場制によって決定されている場合には、独自の金融政策が取りうることと、為替レートが変動しうることは、その国の経済を自動的に安定化させる機能がある。逆に言えば、ある国がユーロ圏に加入し、自国通貨とユーロとの交換比率を固定させた場合には、その国は金融政策の自律性と為替レートの変動をともに失うことによって、自国の経済を自動的に安定化させる機能を失ってしまうことになるのである。これがある国が固定相場制の通貨圏に加入した場合のデメリットにほかならない。

しかしこのようなある国が固定相場制の通貨圏に加入したときのデメリットは、その国と固定相場制の通貨圏の国との経済統合の度合いが高ければ高いほど小さいはずである。なぜなら、このような場合には、ある国に発生した不況はその国に留まることなく通貨圏全体に及ぶことになり、通貨圏全体で拡張的な金融政策が採用されることになるはずだからである。言いかえれば、ある国と固定相場制の通貨圏の国との経済統合の度合いが高ければ高いほど、その国が固定相場制の通貨圏に加入することのデメリットは小さくなるのである。

以上のことから、ある国が固定相場制の通貨圏に加入したときのメリットがデメリットを上回るのは、以下のような基準を満たす場合であると言えるだろう。そしてこれこそが最適通貨圏の理論にほかならない。

(1) 互いによく貿易を行っている
(2) 境界をまたいだ資本・労働の移動性が高い
(3) 構成地域が直面する経済ショックの相関性が高い(ある特定の地域だけに発生する経済ショックが少ない)
(4) 不利な経済ショックに直面した地域に資金を移転するための連邦的財政システムが存在する

現在ユーロはヨーロッパの二十五ヵ国で使用されるようになり、その人口規模は三億人を超える。

しかし、多くの経済学者は、このユーロ圏がマンデルの言う最適通貨圏と言えるのか、やや疑問に思っているようである。実際、ユーロ圏内の貿易や労働の移動の規模などは、アメリカなどの他の大規模な通貨圏のそれと比べれば、はるかに小さいものにとどまっている。また、不利な経済ショックに直面した地域に資金を移動するための財政システムの整備は、各国国民の反発が大きく、不十分なままである。実際、ギリシャに発生した経済危機がユーロ圏にもたらした激震は、いまだ記憶に新しい。

マンデル＝フレミングモデル

マンデル＝フレミングモデルとは、マクロ経済学において所得（GDP）と金利を決定する理論であるIS‐LMモデルを、開放経済を含むように拡張したものである。このマンデル＝フレミングモデルは、国際的な資本移動が不完全な場合と完全な場合の双方を扱うことができる。しかしここでは、紙面の制約もあり、国際的な資本移動が完全な場合のみを説明することにしたい。

まずは変動相場制におけるマンデル＝フレミングモデルの帰結を考えよう。

いま、政府が新しく国債を発行して拡張的な財政政策を行ったとしよう。このとき、GDPが増加すると同時に、一般には国債価格が下落し、国内金利が上昇することになる。国債価格と金利は反対方向に動くからである。国内金利が上昇し、国際的な金利水準を上回ると、日本で資産を運用することが有利になるので、多くの投資家によって円が買われ、円高になる。円高になると、日本の輸出は減少し、海外からの輸入が増加することになるので、日本国内の有効需要は減少し、日本のGDPは減少してしまう。国際的な資本移動が完全であれば、このプロセスは日本の国内金利が国際的な金利を上回っている限り続くので、政府が拡張的な財政政策を行うことによって一旦上昇させられたGDPは、最終的にはもとの水準にまで下がってしまうことになる。言いかえれば、国際資本移動が完全である場合には、変動相場制のもとでは、財政政策は完全に無効になってしまうのである。

他方、今度は中央銀行が拡張的な金融政策を行ったとしよう。このとき、国内金利が下落することによって、国内の投資が刺激されてGDPが増加すると同時に、国内金利が国際的な金利を下回ることになる。国内金利が下落し国際的な金利を下回ると、日本で資産を運用することが不利になるので、多くの投資家によって円が売られ、円安になる。円安になると、日本の輸出は増加し、海外からの輸入が減少することになるので、日本国内の有効需要は増加し、日本のGDPはさらに増加する。国際資本移動が完全であれば、このプロセスは日本の国内金利が国際的な金利を下回っている限り続くので、中央銀行が拡張的な金融政策を行うことによって一旦上昇させられたGDPはさらに上昇することになる。言いかえれば、国際資本移動が完全である場合には、変動相場制のもとでは、金融政策は非常に効果の高い政策なのである。

そして実は、固定相場制におけるマンデル＝フレミングモデルの帰結は、以上の変動相場制におけるそれとは、まったく逆になるのである。

いま、政府が新しく国債を発行して拡張的な財政政策を行ったとしよう。このとき、GDPが増加すると同時に、一般には国債価格が下落し、国内金利が上昇することになる。国内金利が上昇し、国際的な金利水準を上回ると、日本で資産を運用することが有利になるので、多くの投資家によって円が買われる。ここまでは変動相場制の場合と同じである。しかしここからが違う。いまは固定相場制であるので、中央銀行は為替レートが変動しないように、新しく発生した円需要と同じだけの円を市場に供給して、国内金利を引き下げなければならない。中央銀行は為替レートを変動させないために、言わば拡張的な金融政策を行うことを強いられるのである。このプロセスは日本の国内金利が国際的な金利を上回っている限り続くので、政府が拡張的な財政政策を行うことによって一旦上昇させられたGDPは、為替レートを維持するために中央銀行が拡張的な金融政策を行わざるを得なくなることによってさらに上昇することになる。言いかえれば、国際資本移動が完全である場合には、固定相場制のもとでは、財政政策は非常に効果の高い政策なのである。

他方、今度は中央銀行が拡張的な金融政策を行ったとしよう。このとき、国内金利が下落することによって、国内の投資が刺激されてGDPが増加すると同時に、国内金利が国際的な金利を下回ることになる。国内金利が下落し国際的な金利を下回ると、日本で資産を運用することが不利になるので、多くの投資家によって円が売られる。ここまでは変動相場制の場合と同じである。しかしここからが違う。いまは固定相場制であるので、中央銀行は為替レートが変動しないように、新しく発生した円供給と同じだけの円を市場から購入し、国内金利を引き上げなければならない。中央銀行は為替レートを変動させないために、いわば緊縮的な金融政策を行うことを強いられるのである。このプロセスは日本の国内金利が国際的な金利を下回っている限り続くので、中央銀行が拡張的な金融政策を行うことによって一旦上昇させられたGDPは、為替レートを維持するために中央銀行が緊縮的な金融政策を行わざるを得なくなることによって、最終的にはもとの水準にまで下がってしまうことになる。言いかえれば、国際資本移動が完全である場合には、固定相場制のもとでは、金融政策は完全に無効になってしまうのである。

以上の考察からわれわれは、固定的な為替レート、開放的な資本市場、金融政策の独立性のうち、二つを同時に手に入れることはできるが、三つを同時に手に入れることはできないという帰結を得ることになる。マンデルが定式化したこの命題のことは、現在「国際金融のトリレンマ」と言われる。

そして、ユーロ圏のような通貨統合の試みとは、各国が固定的な為替レートと開放的な資本市場を手に入れる代わりに、金融政策の独立性を放棄したものにほかならない。固定相場制の通貨圏に加入する国には、独自の金融政策を行う余地がまったく残されていないのである。だからこそ、通貨統合の試みが成功するためには、各国が独自の金融政策を発動する必要がないほどに、各国間の経済統合が十分に進んでいること、すなわち最適通貨圏の理論の条件が必要になるのである。

困難な時代

一九九〇年代とは、日本にとってはバブル崩壊に始まる失われた十年である。しかし世界的には、一九九〇年代とは、八〇年代半ばの金融ビッグバンに始まる金融自由化の時代であった。九〇年代にノーベル財団が、ファイナンスの経済理論を冒頭に、その後シカゴ学派的な自由主義経済学と制度派経済学との間を行き来しながら、九七年に金融工学の理論をノーベル経済学賞に選んだのは、そのような意味では不自然なことではない。九〇年代には、ファイナンスの理論や金融工学は、単なる経済理論上の問題ではなく、良くも悪くもわれわれの経済生活の一部になっていたのである。しかしその一方、ノーベル財団は、このような世界の流れに対してバランスを取ろうとした、あるいはそれを強いられたかのように見える。主流派経済学に徹頭徹尾批判的であるセンやEUの理想を経済的に基礎付けたマンデルの受賞はそのように考えるのが自然である。一九九〇年代とは、ノーベル財団にとっては、金融工学とそれに批判的なもの、自由主義経済学とそれに批判的なもの、の間を揺れ動くことを余儀なくされた困難な時代であったと言えるのかもしれない。

第四章　「社会科学」への拡大

2000〜

寺尾　建

1　予測市場とダークホースの時代[1]

「残っているのは、藪だけ」

一九九四年にノーベル経済学賞を受賞したジョン・F・ナッシュの伝記『ビューティフル・マインド』の作者として知られるシルヴィア・ナサーは、二〇〇一年のノーベル経済学賞受賞者が発表された翌日の「ニューヨーク・タイムズ」に寄稿した記事[2]において、「ここ最近、関係者のあいだで囁かれている冗談なのだが」と前置きして、次のように書いた――「巨大なモミの木は、すでに一つ残らず伐り倒されてしまいましたよ。残っているのは、藪だけです」。万人がその業績を文句なしに認めるような大物たちは皆すでに受賞をしてしまった以上、ノーベル経済学賞はこの先、受賞者が発表されたときの人々の最初の反応が「――誰？」となってしまうような人選を避けることができないだろうというわけである。

このような事態に陥ることを予測してのことなのか、あるいは、経済学の実際の展開をふまえてのことなのか、二〇〇一年から遡ること一九九五年の二月、スウェーデン王立科学アカデミーは、ノーベル経済学賞の対象分野を「経済学」から「社会科学」へと拡げた。このことによって、ノーベル経済学賞は、数学・統計学・政治学・社会学・経営学・心理学などの分野の研究者に対しても授与されうるものへと変わったため、そのことに対して、ノーベル経済学賞は、経済学の多様化の進展に対応し、さらにそれを促すことになったと評価する立論も可能ではあるだろう。

取引の対象

ところで、ノーベル経済学賞なるものが存在することほどには世に知られていないようなのであるが、「その人物がノーベル経済学賞を受賞する確率」が取引の対象となる「予測市場（prediction market）」[3]なるものが存在する。予測市場では、市場への参加者は各々の予測に基づいて、0（％）から100（％）までの数値をとりうる「経済学者の氏名」が明記された「証券」を売買する。このとき市場参加者は、誰が次のノーベル経済学賞を受賞するのかについての「賭け」を行っているに等しいのではあるが、しかし、予測市場には「オッズメーカー」は存在せず、そこでは、あくまでも、市場参加者の予測とそれに基づく取引の結果、「経済学者の氏名」証券の「価格」として「受賞する確率」が決定されることになる。

このようなとき、「誰が次のノーベル経済学賞を受賞するのか」について完全に衆目の一致する人物が常に存在する――実際には問題は少々複雑で、このとき、予測市場においては、「誰が次のノーベル経済学賞を受賞するのか」という市場参加者の予測についても、市場参加者の予測が常に等しくなっていなければならない――状況においては、「予測市場」における取引で儲けることはきわめて困難となる。なぜなら、完全に衆目の一致する経済学者の氏名が明記された証券の「価格」は、販売開始直後に100（％）となり、まったく値動きのないままに授賞発表日を迎えることになるからである。

2004	フィン・E・キドランド *Finn E. Kydland* *1943-* エドワード・C・プレスコット *Edward C. Prescott* *1940-*	動学的マクロ経済学への貢献：経済政策における動学的不整合性の指摘ならびに実物的景気循環理論の開拓
2005	ロバート・J・オーマン *Robert J. Aumann* *1930-* トーマス・C・シェリング *Thomas C. Schelling* *1921-*	ゲーム理論の分析を通じた対立と協力に関する理解の深化
2006	エドマンド・S・フェルプス *Edmund S. Phelps* *1933-*	マクロ経済政策に関する異時点間のトレードオフに関する分析
2007	レオニード・ハーヴィッツ *Leonid Hurwicz* *1917-2008* エリック・S・マスキン *Eric S. Maskin* *1950-* ロジャー・B・マイヤーソン *Rodger B. Myerson* *1951-*	メカニズムデザインの理論的基礎の確立
2008	ポール・R・クルーグマン *Paul R. Krugman* *1953-*	貿易パターンと経済活動の立地に関する分析

ノーベル経済学賞受賞者　2000～　①

年	受賞者・生没年	授賞理由
2000	ジェームズ・J・ヘックマン *James J. Heckman* *1944-* ダニエル・L・マクファデン *Daniel L. McFadden* *1937-*	ミクロ計量経済学における、個人と家計の消費行動を統計的に分析する理論と手法の構築
2001	ジョージ・A・アカロフ *George A. Akerlof* *1940-* A・マイケル・スペンス *Andrew Michael Spence* *1943-* ジョセフ・E・スティグリッツ *Joseph E. Stiglitz* *1943-*	情報の非対称性が存在する市場の分析
2002	ダニエル・カーネマン *Daniel Kahneman* *1934-* ヴァーノン・L・スミス *Vernon L. Smith* *1927-*	行動経済学・実験経済学という新規研究分野の開拓
2003	ロバート・F・エングル *Robert F. Engle* *1942-* クライヴ・W・J・グレンジャー *Clive W. J. Granger* *1934-2009*	時系列分析の手法の確立

2013	ユージン・ファーマ *Eugene Fama* *1939-* ラース・P・ハンセン *Lars P. Hansen* *1952-* ロバート・J・シラー *Robert J. Shiller* *1946-*	資産価格の実証分析
2014	ジャン・M・ティロール *Jean M. Tirole* *1953-*	市場支配力ならびに規制に関する分析
2015	アンガス・S・ディートン *Angus S. Deaton* *1945-*	消費・貧困・福祉に関する分析

ノーベル経済学賞受賞者　2000～　②

2009	エリノア・オストロム *Elinor Ostrom* *1933-2012* オリバー・E・ウィリアムソン *Oliver E. Williamson* *1932-*	経済的な統治（ガバナンス）に関する分析
2010	ピーター・A・ダイヤモンド *Peter A. Diamond* *1940-* デール・T・モルテンセン *Dale T. Mortensen* *1939-2014* クリストファー・A・ピサリデス *Christopher A. Pissarides* *1948-*	労働経済に関するサーチ理論の開拓
2011	トーマス・J・サージェント *Thomas J. Sargent* *1943-* クリストファー・A・シムズ *Christopher A. Sims* *1942-*	マクロ経済状況とマクロ経済政策との因果関係を実証的に分析する手法の開発
2012	アルビン・E・ロス *Alvin E. Roth* *1951-* ロイド・S・シャプレー *Lloyd S. Shapley* *1923-2016*	マッチング（組み合わせ）理論とその応用によるマーケットデザイン（市場の制度設計）の開拓

つまり、ノーベル経済学賞受賞者についての「予測市場」が成立しているということは、「誰が次に受賞するのかについての人々の予測が、ばらついている状況」が常となっているということである。そしてまた、そのような状況では、時折、次にその人物が受賞すると予測する人々が少数派である人物、つまりは「ダークホース」が生まれることにもなる。

二〇〇〇年から二〇一五年の十六年間においては、ノーベル経済学賞の単独授賞は計四件となっている。振り返ると、第一回の一九六九年から一九七九年までの期間における単独授賞は計五件であり、続く一九八〇年から一九八九年までの期間においては、すべてが単独授賞で計十件である。そして、一九九〇年から一九九九年までの期間における単独授賞は、計五件である。

単独授賞の件数が傾向的に減少していることを根拠とした「残っているのは、藪だけ」という判断は、標本数が少なすぎて信頼に足る統計学的検定ができないように思われるところもある。とはいえ、本書の「はしがき」にもその名が登場するスティグリッツやクルーグマンのように、その活発な執筆活動や発言によって、ノーベル経済学賞を受賞する以前から広く知られていた人物を別とすれば、二〇〇〇年以降、二十一世紀に入ってからの受賞者の名前は、専門を異にする場合には、経済学者でさえ「授賞時に初めて聞いた」と答えるケースが増えていることは事実であるといってよい。

というのも、これは傍証にすぎないのだが、二〇一六年の時点において、二〇〇〇年以降の受賞者三十二名のうち、世界最大の会員数を誇る国際的な経済学会である「計量経済学会（The Econometric Society）」[4]の会長経験者、つまりは、経済学者であれば誰もがその名を知っているとみなしてもよい人物は、マスキン（二〇〇三年会長）、サージェント（二〇〇五年会長）、マイヤーソン（二〇〇九年会長）、ヘックマン（二〇一三年会長）の四名だけだからである。そして、この四名のうち、ノーベル経済学賞を受賞する以前に計量経済学会会長を経験しているのは、マスキンとサージェントのわずか二名にすぎないのである。

「小粒」になったのか

二〇〇〇年以降のノーベル経済学賞は、傾向的には、専門分野を問わず誰もが認める優れた研究業績を挙げたとみなされる人物への授賞から、特定の専門分野が開拓される契機となった（有り体にいえば、その研究を端緒として、専攻を同じくするフォロワーが数多く生みだされることになった）研究業績を挙げた「ボス」への授賞へとシフトしている。そして、すでに広く人々にその名を知られており、「次はこの人が受賞するだろう」と人々が思っていた経済学者が人々の予想どおり受賞をするというケースは少なくなってきている（繰り返しになるが、だからこそ、「予測市場」が存在している）。

だが、これらのことをもって、ノーベル経済学賞について、「残っているのは、藪だけ」になったのだと、卑俗な表現を許していただくならば、要するに、「ネタ切れ」になって「小粒」になったということなのだと、ただちに判じてもよいだろうか。そのとき、例えば、ノーベル経済学賞は、「小粒」になったのではなく、特定の大学や学会に所属する特定の研究者集団による「独占」が排除され、グローバリゼーションを反映した「競争」の段階へと移ったという可能性を完全に否定することができるだろうか。

経済学賞にかぎらず、ノーベル賞の最も重要な役割とは、人類が共有するべき知的財産とそれに関する情報を広く世界に伝えることであろう。そのとき、学問的に誠実であることを重んじるならば、受賞者やその研究業績が「有名であるか否か」という世俗的な判断基準によって評価すること自体が、そもそも、適切さを欠いているといえはしないか。あるいはまた、「悪貨は良貨を駆逐する」というグレシャムの法則に似たことが、通貨以外についても生じうるのであれば、あることが普及して有名であることは、必ずしも、そのことが良質であることの証拠ともならないであろう。

以上述べたことをふまえながら、本書の最終章となる本章では、二〇〇〇年以降の受賞者[5]とその主要業績について、「人類にとって共有されるべき知的財産は何か」という観点から、どのような新しい事実が発見されたのか、また、それらの事実を理解するためにどのような新しい着想や知見が与えられたのかをみてみることとしたい。そして、本章で取り上げる受賞者とその主要業績については、「ダークホース」でありながら、そのことでかえって受賞後に一般のあいだで話題をさらうこともなかった人物を、あえて優先的に取り上げることとしたい。というのも、二〇〇〇年以降の受賞者とその主要業績のなかで、受賞が大きな話題をさらうことになったものについては、現在でもウェブ上で一般向けの解説記事を無料で読むことができるし、また、そのような受賞者が執筆した著作の邦訳[6]も少なくないからである。

2　「データ分析」の発展

「紙と鉛筆」だけでは

経済学における「実証分析（empirical analysis）」とは、理論的な分析によって得られた命題の「正しさ」を、実際の経済に関するデータに照らし合わせて判定することである。そして、二〇〇〇年以降のノーベル経済学賞の大きな特徴の一つは、授賞対象となった研究のうちで、実証分析が占める割合が相対的に多いことである。このことの背景には、「半導体の性能は時間の経過とともに指数関数的に向上する」という「ムーアの法則」に従うようなかたちで、コンピュータの性能の大幅な向上と価格の大幅な低下が生じ、また、それを後追いするようなかたちで、高度な統計分析を行うことができるパッケージ・ソフトウェアの開発と販売がなされ、さらに、相対的に安価で利用できる各種の統計データベースの整備が急速に進んだことによって、実証分析そのものが盛んに行われるようになったことがある。

かつては、「紙と鉛筆さえあればできる」という言葉を、ある人は揶揄気味に、また、ある人は自嘲気味に、あるいは、ある人は誇らしげに口にするのが経済学でもあったが、二十一世紀に入ってしばらくすると、そのような光景はほとんど見られなくなってしまった。実際、現在では、世界中のほとんどすべての大学院において、実証分析を扱う分野である「計量経済学」が必修科目となっており、少なくとも、コンピュータを使った実証分析の演習問題を一度も解かずに経済学の研究者になることなど、ありえなくなっているからである。つまり、二十一世紀においては、経済学者になるためには「紙と鉛筆、そして、統計ソフトがインストールされたパソコン」が必携となったのである。

ところで、「経済学的な分析によって導かれた命題の『正しさ』を、実際の経済に関するデータに照らし合わせて判定する」と聞くと、いったいそれのどこが難しいのかと、いぶかしく思われる読者もいるかもしれない。実証分析が困難である理由として、昔からよくいわれていることは、「経済学では実験ができないので、分析のために必要なデータがいつでも手に入るとはかぎらないから」ということである。だが、これから紹介するのは、そのような素朴な——熟考せずとも理解できるような——理由によるものとは一線を画す議論である。

ヘックマン(二〇〇〇)

格差と「自己選択バイアス」

ジェームズ・J・ヘックマンが受賞した二〇〇〇年の時点で、日本においても大学進学率が五〇％を超えるという状況を、いったいどれだけの人が予測していただろうか。あるいはまた、日本において「格差社会」という語が前置きなしに用いられるという状況の到来については、どうだろうか。

「格差」とは、個々人の能力や努力以外の要因で生じるものであり、それゆえ、それは政策的に解決されるべき課題であるというのが、一般的な理解であろう。したがって、例えば、学歴の違いによって、平均的には大卒者と高卒者とでは所得が異なるとしても、それらは、通常は個々人の能力や努力の差の問題に帰せられるものと理解されるために、学歴それ自体によって生じる所得の差は、「格差」の範疇《はんちゅう》には入らないものとされるのが普通である。

いま、「大卒者の平均所得と高卒者の平均所得との間には差がある」という事実がデータによって裏付けられたとしよう（ちなみに、その差の大きさは具体的には様々であるが、多くの国において、同様の事実が観察されている）。この事実から、「大卒者と高卒者の平均所得の差を生んでいる要因は、教育の違いに起因する能力――労働生産性――の差である」という推測を行うのは容易である。だが、その容易さが災いしてというべきか、ヘックマン以前の多くの経済学者は、その推測で話を終えてしまっていたのである。

ヘックマンは、素朴な――それまでにどこかの誰かが問うことがあってもよさそうであったものの、しかし実際には誰一人としてそのように問う者はいなかった――次の問いを立てた――「大学の四年間が、実際のところ、所得の差に反映されるほどの能力の差を生み出すものなのだろうか？　高校卒業時点以前においてすでに、大学進学希望者とそうでない者との間に何らかの差が存在していたという可能性はないだろうか？」。

ヘックマンは、この問いが有意味となる現象を「自己選択バイアス（self-selection bias）」と名付けた。すなわち、能力や意欲など労働生産性に影響を与えうるような――そして、たいていの場合には、当の本人しか知らないような――属性について、大学進学を希望する者の属性は、そうでない者の属性とはそもそも異なっている可能性があり、その場合には、大学生の集団は、標本としては偏った（biased）ものとなる可能性があるわけである。つまり、勉学の意欲や能力が相対的に高い者が大学に進学することによって大学生の集団が形成されている場合には、「大学生」という標本は、勉学の意欲や能力が相対的に高い者の自己選択によって、必然的に偏った性質をもつことになってしまうわけである。

自己選択バイアスが存在する場合には、つまり、高校卒業以前の時点において、大学進学希望者とそうでない者との間にすでに何らかの差が存在しているのであれば、「大卒者と高卒者の平均所得の差を生んでいる要因は、教育の違いに起因する能力の差である」という推測は誤っていることになる。だが、厄介なことに、「大卒者と高卒者の平均所得の差」のデータを用いることによっては、その誤った推測を正すことはできないのである。

ヘックマンは、自己選択バイアスが存在しうる現象の構造と、その現象の原因についてデータを用いて行われる推測の「正しさ」がどのように限定されるのかを明らかにし、その業績によってノーベル賞を受賞した。なぜならば、ヘックマン以降、データの性質についても、綿密に調べたうえでそれが明らかにされていなければ、主張が実際のデータに照らし合わせられていたとしても、その主張の「正しさ」を誰も信用しなくなったからである。

このようにまとめると、「ヘックマンの業績には、何ら驚くべきところはない」と断じる論者もいるかもしれない。だが、そのように断じる論者には、「驚くべきところがあるか否かは、科学の問題であるというよりもむしろ、文学ないし美学の問題である」という反論がありうることを指摘しておきたい。

グレンジャー（二〇〇三）

「門外漢」として

クライヴ・W・J・グレンジャーは、統計学者である。グレンジャーがノーベル経済学賞を受賞したのは、彼が、経済に関する――したがって、その基底にあると考えられる人間に関する――データがもつ特有の「くせ」を考慮しながら分析を行う新たな手法を開発したことによる。

一般に、たとえわずか二つのものであったとしても、それらの間に実際に存在する関係をデータから正しく推測するのは容易ではない。例えば、次のようなことを考えてみればよい。

過去半世紀の間、地球上の二酸化炭素の排出量は、増加し続けている。そして、同じ期間、月は、「年速三・八センチメートル」という遅いペースではあるものの、地球から着実に遠ざかっている。つまり、同じ期間内に、地球上の二酸化炭素の排出量と月と地球との間の距離とはいずれも長期的な傾向を示している。したがって、データだけに注目することによって、「地球上の二酸化炭素の排出量は、月の地球からの距離によって決まる」という仮説が生み出されてもおかしくはない。

ここでの問題は、「地球上の二酸化炭素の排出量は、月の地球からの距離によって決まる」という仮説が正しくないということを、例えば経済学、物理学、化学、生物学などの理論によってではなく、データによって示すことができるのかということである。つまり、問題を述べなおすと、長期的な傾向を伴う複数のデータ――例えば、GDPも長期的には大きくなっていく傾向にあるし、他方、一国内で農業従事者が就業者全体に占める割合も、長期的には小さくなっていく傾向がある――に依拠して仮説をつくる際に、「地球上の二酸化炭素の排出量は、月の地球からの距離によって決まる」というような誤った仮説が生み出されないようにする一般的な方法はあるのか、ということである。

グレンジャーが開発したのは、専門的には「非定常性（non-stationarity）」と呼ばれる長期的な傾向をもつデータについて、それを適切に取り扱う方法であった。統計学者のグレンジャーは、いわば「門外漢」として、非定常性をもつ複数の経済変数間の関係について、経済学者がしばしば誤った判断――実際には関係がないにもかかわらず、関係があるとしてしまう判断――を無自覚に行っていることを指摘し、そして、経済学者がそのような誤った判断を無自覚に行わないようにするための救済策を提示したのである。

グレンジャーが提示した方法は、実際には高度に数学的であり、統計学の門外漢には理解しがたいものであるが、その基本的な着想を理解することは、さほど難しくはない。

「見せかけ」のデータ

例えば、いま、街中で行き交う人々を観察しているとしよう。観察対象として、大きな通りを歩いている人々のなかから任意に一人の人間を選び（Xと名付けておこう）、次に、そのすぐ隣を歩いている人間を一人選ぶ（Yと名付けておこう）こととしよう。このとき、もしもXとYとが「赤の他人」であるならば、Xの進む方向とYの進む方向には、そこが横断歩道や歩道橋の上、あるいは一方通行の道でないかぎり――したがって、データを観察する際には、この種の問題にも留意しなければならないわけではあるが――、Xは途中で右に曲がり、しかしYはそのまま直進するといったように、X

の進路とYの進路との間には安定的な関係は存在しないだろう。

しかしながら、もしもXとYとの間に、夫婦、親子、兄弟、姉妹、恋人、友人、あるいは師弟、あるいは上司と部下といったような関係がある場合には、観察されることは異なってくるはずである。具体的には、例えば、XとYがケンカの真っ最中ではなく、あるいは、XとYの二人ともが泥酔していたりするといったことではないかぎり――ここでも再び、この種の問題に留意しなければならない――、Xの進路とYの進路とが同じになる頻度は増えるはずである。このようなとき、グレンジャーは、「Xの進路とYの進路とが同じになる頻度が増えること」を「Xの進路とYの進路との間に共和分（cointegration）が成立する」と定義した。そして、グレンジャーは、ノーベル経済学賞を共同受賞した統計学者のロバート・エングルと協力して、共和分が成立するか否かを統計学的に検定する方法を開発した。

共和分が成立する場合には、Xの進路とYの進路とが同じであるのは「たまたま」ではないが、逆に、共和分が成立しない場合には、二つの関係は「たまたま」、つまり「見せかけ」であるということになる。このように、データを扱う際にそれが「見せかけ」であるか否かを判別する分析方法が与えられたことは、疑うべくもなく大いなる進歩であるように思われる。しかしながら、そのことが経済学にとってどのような意義をもつことになるのかと問うたとき、話は少々複雑になる。

例えば、通常、国全体での家計最終消費支出は、長期的には増加する傾向を示す。また、通常、GDPも長期的に増加する傾向を示す。このとき、これらのことから、「ルクセンブルクのGDPが増加すると、日本の家計最終消費支出は増加する」というような、経済学的には無意味な結論をデータから導いてしまう危険性は、グレンジャーの開発した方法を用いることによって、大幅に低下することになった。しかし、このことは、「グレンジャーが考案した方法によって、経済学的に重要な関係が検出される可能性が高まった」ということを含意するわけではない。

グレンジャーの方法が経済学を助けるのは、あくまでも、「ありもしない関係をでっちあげてしまう」という誤りに経済学が陥る危険性があるときである。グレンジャーの方法によって、「見かけ倒し」に経済学者が騙される危険性が低くなったのは事実である。しかし、それ以上のことがもたらされたわけではない。というのも、先に挙げた例を再び用いるならば、経済学的に重要であるのは、実際には、「XとYの関係は、夫婦、親子、兄弟、姉妹、恋人、友人、あるいは師弟、あるいは上司と部下のうちの、いずれであるのか」といった問題である。なぜなら、「XとY」が、これらの関係のいずれかである場合には、ほとんど確実に、「XとY」は「売り手と買い手」ではないはずだからである。

グレンジャーの方法によって明らかになった結論は、端的に述べることができる――「統計学的に重要であることが、必ずしも経済学的に重要であるとはかぎらない」。身も蓋もない感もあるが、たとえ手にした真理が平凡極まりないものであったとしても、「真理とは平凡極まりない場合もある」ということそれ自体は、必ずしも平凡ではないかもしれず、そしてまた、グレンジャーの着想とそれに基づいて提供された統計学的な手法は、少なくともグレンジャー以前には存在しなかったことは事実なのであるから、グレンジャーのもたらしたものを「平凡である」と一刀両断にすることは、ここでは差し控えよう。

ヘックマンやグレンジャーの研究が公表されて以降、経済学者は、データの取り扱いに際して、かなり慎重にならざるをえなくなった。そして、その主張がデータに依拠する程度が大きければ大きいほど、経済学者は、発言する際にいっそう慎重にならざるをえなくなった。しかし、これらのこと、経済学的に重要な事実が発見される確率が大きくなったということとは別の話であるし、そしてまた、経済を理解するうえでの新しいアイディアやビジョンが生まれやすくなったということも、むろん、別の話である。とはいえ、ここでいま述べたこと以上の判断や主張をするには、手持ちの標本数が十分ではない。

3　「市場」も「計画」も相対化

ハーヴィッツ（二〇〇七）

大本命ファーマ

モスクワ生まれ、アメリカ国籍の経済学者レオニード・ハーヴィッツにノーベル経済学賞が授与されたのは、彼が九十歳二ヵ月のときであり、受賞年齢の最高記録は更新されることになった。ノーベル賞の授賞は存命中の者が対象となるので、もしも授賞が翌年になっていたならば、ハーヴィッツの受賞はなかったわけである。

高齢のために授賞式に出席することは叶わなかったハーヴィッツは、受賞の翌年、九十歳十ヵ月で亡くなったが、受賞の年の秋、ハーヴィッツの受賞によって、ノーベル経済学賞の予測市場は、大荒れに荒れることになった。ノーベル経済学賞の予測市場において、ハーヴィッツは、「対抗」や「大穴」であるどころか、完全に「ノーマーク」だったからである。まさかハーヴィッツが来るなどとは、ハーヴィッツ本人も含めて——なにしろ齢九十を数え、ハーヴィッツの現役時代を直接知る人の大半は、すでに天に召されてしまっていたわけであるから——誰一人として予測していなかったのである。

実のところ、二〇〇七年の予測市場におけるノーベル経済学賞の「大本命」は、シカゴ大学のユージン・ファーマであった。結果的には、ファーマは、資産市場に関する「効率的市場仮説（efficient market hypothesis）」の業績によって、六年後の二〇一三年に受賞することになる（この事実と二〇〇八年の「リーマン・ショック」との間の因果関係はスキャンダルとしては第一級だろうが、その真偽の判断は、慎重になされなければならないだろう）。

効率的市場仮説とは、その含意に着目して要約するならば、「資産市場で取引をする者は、市場の平均——例えば、日経平均やダウ平均——以上の利益を得ることはできない」という仮説である。その理由は、次のようなことである。

いま、株式市場で取引を行う者が、企業業績は無視して、株式市場における過去の値動きに関する情報を用いて、例えば、「ローソクチャート」を用いて取引を行うものとしよう。そのときには、株式市場で成立する株価は、株式市場における過去の値動きに関する情報を完全に反映したものとなるはずである。したがって、株価の過去の値動きに関する情報を用いた株式の売買によって市場参加者が市場の平均以上の利益を得ることは、原理的に不可能となる。

では、資産市場で取引を行う者が、投資家向けに公開されている企業情報とその企業に関するニュースを入念に精査し、かつ種々の財務指標を参照しながら企業価値を算出し、それと比較して株価が割安だと判断されれば買い、割高だと判断されれば売るということを行う場合には、どうなるだろうか。このときにもやはり、株式市場で成立する価格は、投資家向けの企業情報やニュースを完全に反映したものとなるはずであるから、市場参加者が、それらを用いた株式の売買によって市場の平均以上の利益を得ることは、原理的に不可能となる。

話としては、以上である。しかし、誰でも知っているように、賭けと同じく、相場にはいつでも、「勝者」と「敗者」がおり、相場が荒れたときには、大勝した者や大敗した者についての噂が飛び交うものである。ファーマは、二〇〇七年の予測市場における「一番人気」であったが、同年、ダウ平均は大きく下げて相場は荒れた。そのことに起因するのか否かについての判断は、統計学的に信頼できる方法に依拠して行わなければならないだろうが、いずれにしても、二〇〇七年にファーマが来なかったということだけは、紛れもない事実である。

アダム・スミス以降長きにわたって、経済学者は、良くも悪くも、「見えざる手」という比喩の支配下にあった。市場には無数の売り手と無数の買い手がおり、したがって、個々の売り手も個々の買い手の誰も、自分以外の者の個々の反応を気にする必要はない――多くの経済学者は、市場をこのようなものとして想定してきた。しかしながら、「市場には無数の売り手と無数の買い手がおり、したがって、個々の売り手も個々の買い手の誰も、自分以外の者の個々の反応を気にする必要はない」という条件に最も合致するように思われる株式市場が、これまでにどのような乱暴な振る舞いを見せてきたかについては、ここで読者にあらためて説明する必要はないであろう。

メカニズムデザイン――ケーキをどう切るか？

ハーヴィッツに話を戻そう。ハーヴィッツは、冷戦の只中の二十世紀の半ばを少し過ぎた頃、「メカニズムデザイン」の名で今日知られる、資源配分（生産と消費のパターン）に関して市場メカニズムを代替する、あるいは補完するメカニズムを考案した。ただし、ハーヴィッツが考案したのは、中央集権的な計画経済のメカニズムではなく、ゲーム理論を応用した、経済主体の「利己心」を考慮し、それを活用するような分権的な取引のメカニズムである。その基本的な着想は、次のようなものである。

いま、ケーキが一つだけあるとして、それを切り分けて、二人の兄弟あるいは姉妹に分け与えるという「資源配分」が問題になっているとしよう。

この問題を中央集権的に解決するのであれば、親が、例えば、「普段から親の言うことにどれだけ従っているか」という基準にしたがって切り分けて、二人の子に与えるということになる。例えば、二人の子がいずれも等しく普段から親の言うことに従っているのであれば、ケーキは均等に切り分けられることになる。この中央集権的なメカニズムにおいては、資源配分の問題に関して、子どもたちの「利己心」――この場合、専門用語では「インセンティブ」という――は、直接的には、まったく問題にならない。

子どもたちのインセンティブが問題になるのは、ケーキを切り分ける前の段階において「ケーキを切り分けるときに自分だけが不利になるのは嫌だから、普段から親の言うことに従っていよう」と子どもが考えるようなときである。他方、このとき、親について考えてみると、親は普段から子どもたちが自分の言うことに従っているのかどうかを観察しなければならないことになるが、そのようなインセンティブが親には必ずあるといえるのか疑問が残るところもあるし、かといって、「愛情」が必ずそれをさせると判断してよいのかといえば、それについても同様に疑問が残るところがある。

このようなとき、メカニズムデザインは、問題を次のように考える。いま、親が、「公平だと思うケーキの取り分」を二人の子にそれぞれに尋ねて、申告させる。これでうまくいくこともあるかもしれないが、実は、少々頼りないところがある。というのは、例えば、「親は『自分は小さい方でいい』と申告した方に、大きいケーキを与えるにちがいない」と子どもが考える（ケーキを切り分ける前に、親が「自分は絶対にそんなことはしない」と子どもを必ず説き伏せることができる保証はない）ときには、つまり、「自分の申告が結果に影響を与える可能性がある」と子どもが考えるときには、子どもは必ずしも正直にはならないからである。つまり、子どもには嘘をつくインセンティブがある。このように、子どもに自分の希望を偽って嘘をつくインセンティブがある場合の解決法は――この問題に関していえば、世間でもよく知られていることであろうが――、「一人にケーキを切り分けさせ、もう一人に好きな方を選ばせる」という方法である。この方法の要点の一つは、「市場メカニズムでなくとも、子どものインセンティブを考慮し、それを利用したメカニズムを用いれば取引が成立する」ということである。だが、要点は、これだけではない。

「一人にケーキを切り分けさせ、もう一人に好きな方を選ばせる」という方法を採用するときには、親は普段から子どもの態度を注意深く見ておく必要もないし、また、ケーキを切り分ける際に、それぞれの子どもの希望を尋ねる必要もない。つまり、子どものインセンティブを考慮し、それを利用した方法によって成立する取引は、中央集権的なメカニズムに比べて意思決定のために必要な情報が少ないという意味で「効率的」でもあるというのが、いま一つの要点である。

「見えざる手」でも「見える手」でもなく

ハーヴィッツによって示されたことは、「市場メカニズムは、ありうる資源配分のメカニズムのうちの一つである」ということ、そして、「中央集権的な計画経済は、経済主体のインセンティブを考慮も活用もしないがゆえに、資源配分メカニズムとしての持続性と情報の効率性の点で劣る」ということである。このように、ハーヴィッツは「市場原理主義」を相対化する一方で「計画経済」もあわせて相対化し、「見えざる手」一辺倒でもなく、かといって「見える手」一辺倒でもない経済学の可能性を切り拓く「メカニズムデザイン」の基礎を構築したのである。

それでは、「見えざる手」一辺倒でもなく「見える手」一辺倒でもないものとは具体的には何かといえば、それは例えば、企業組織や政治的な統治システムである。なぜなら、それらには、構成員の自由意思による判断や行動が一定以上は担保されているという意味において「分権的」な側面があり、そして同時に、設計者（デザイナー）による意図が一定以上は実現されるように制度設計がなされているという意味において「中央集権的」な側面があるからである。

ノーベル経済学賞をハーヴィッツと同時受賞したエリック・S・マスキンやロジャー・B・マイヤーソンは、ハーヴィッツのメカニズムデザインを実際的な問題の分析に応用できるように発展させ、それを、集団的な意思決定の問題を扱う「社会的選択理論（social choice theory）」[7]やオークションの設計問題に応用した。これらのことによって、経済学は、「市場」について、それを非人格的な所与のシステムとして理解するのみならず、人為的な設計の対象としても理解することになるという、大きな転換を果たしたのである。

以上のような彼らの研究とその意味するところをふまえるならば、市場メカニズムを唯一無二の資源配分メカニズムであると考える者はこの世界からいなくなってもよさそうである。また、「市場か政府か」というように市場と政府を対立的にしか理解しないことも、有害無益でしかなさそうである。しかしながら、メカニズムデザインが私たちに教えるのは、市場メカニズムを唯一無二の資源配分メカニズムであると考える者がこの世界からいなくなるためには、そしてまた、「市場か政府か」というように対立的にしか理解しない者がこの世界からいなくなるためには、「市場メカニズムは唯一無二の資源配分メカニズムである」と考えるインセンティブや「市場か政府か」と考えるインセンティブが、この世界から完全に除去されなければならないということでもあるのである。

シャプレー（二〇一二）

絶望を救う理論

経済学が考察の対象とするのは、資源配分（生産と消費のパターン）である。「生産」「消費」と聞いて、読者の多くは、衣食住に関わる諸々のものを思い浮かべるであろうか。もちろん、それは間違いではない。しかし、経済学では、「生産」を「つくること」、そして、「消費」を「つかうこと」と、かなり広く捉える。実はこのとき、厄介な問題が生じる。「つかうこと」の対象となるのは、「つくられた」ものに必ずしも限定はされないからである。例えば、いうまでもなく、「人間」は生産物ではない。つまり、「つかうこと」の対象となるのが「つくられた」ものではないということの典型例は、私たち「人間」に直接的に関わることである。「人間」は生産物ではなく、資源配分の観点から——むろん、倫理的な観点からもそうではあるが——その数を増やしたり、あるいは減らしたりすることはできない。

このように考えると、「人間」に直接的に関わる資源配分の問題は、市場メカニズムによっては解決されにくいはずであると推測することは、比較的容易である。だが、そうであるからといって、いったいどのようなメカニズムによれば「人間」に直接的に関わる資源配分の問題を解決できるのかと問われると、多くの人が絶望的な気分になってしまうのではないだろうか。ロイド・S・シャプレーは、人々がそのような絶望的な気分に陥らなくてすむ方法を、「マッチング（組み合わせ）理論」の名で今日知られる業績によって示し、そのことによってノーベル経済学賞を受賞した。

婚活パーティー

マッチング理論とは、その名が示すように、「人と人」あるいは「人とモノ」をいかにして組み合わせれば資源配分の問題が解決されることになるのかについて、その解法を具体的なアルゴリズム（計算手順）とともに提供するものである。

ゲーム理論の研究者として出発したシャプレーは、ゲーム理論の一つの応用として、次のような問題とその解決策を、デヴィッド・ゲールとの共同研究[8]によって初めて定式化した。ゲーム理論の応用を考える際に、シャプレーとゲールが取り上げた問題は、今日でいう「婚活パーティー」である。

いま、あなたが、例えば、男女それぞれが十名ずつ参加する婚活パーティーを主催するとしよう。このとき、主催者のあなたにとって、そして何よりも参加者の男女にとって望ましい結果は、婚活パーティーの参加者全員がカップルとして成立することである。とはいえ、世に婚活パーティーが絶えない理由の一つは、婚活パーティーに一度参加すれば、それだけで参加者の全員が自分の希望通りの結婚相手を見つけられるというようなことが実際にはないからであろう。

さて、シャプレーとゲールの独創性は、まず、婚活パーティーの望ましい結果について、曖昧なところが一切ないように、マッチングの「安定性（stability）」という概念を数学的な表現によって明確に定義したことである。「マッチングが安定的（stable）である」というのは、一言でいえば、「成立したカップルのなかに、お互いに不幸なカップルが一組も存在しない」ということである。ここでいう「お互いに不幸なカップル」とは、「男性Xは、現在のパートナーAよりも別の女性Yのことが好きである。他方、女性Yも、現在のパートナーBよりも男性Xのことが好きである」という組み合わせになっている、「そうであるならば、XとYとは、なぜ出会えなかったのか?」という疑問を人々が抱かずにはいられない「悲劇のカップル」のことである。そのような「悲劇のカップル」は、「駆け落ち」する以外に一緒になる方法がない。したがって、「マッチングが安定的である」とは「駆け落ち」が一切生じえないということである。

シャプレーとゲールのさらなる独創性は、「婚活パーティーに参加する男女の好みがそれぞれどのようなものでも、安定的であるようなマッチングを必ず実現させるようなアルゴリズムが存在する」ということを数学的に証明したことである。そのアルゴリズムとは、次のようなものである。

まず、主催者であるあなたは、参加者の全員に対して、自分のパートナーとなりうる相手について、第一位から第十位までの希望順位の書かれたリストを提出するように促す。その後に行われる「告白タイム」のデザインは、以下のとおりである。[9]

（1）各男性は、自分の希望順位が第一位の女性に、告白する。
（2）男性から告白された女性は、自分に告白した男性のなかから希望順位の最も高い男性一名をキープし、それ以外のすべての男性には「ごめんなさい」と言う。
（3）（2）において女性から「ごめんなさい」と言われた男性は、自分の希望順位が第二位の女性に、告白する。
（4）女性は、（2）においてキープした男性一名と（3）において自分に新たに告白をしてきた男性のうちで最も希望順位の高い男性一名をキープし、それ以外のすべての男性には「ごめんなさい」と言う。

(5) 以上のラウンドを、「ごめんなさい」と言われる男性が一名もいなくなるまで繰り返す。「そのとき、(3) において男性が告白する女性に対する希望順位は、順次繰り下がっていく」

(6) 女性から「ごめんなさい」と言われる男性が一名もいなくなったときに、「告白タイム」を終了とする。

以上の「告白タイム」の特徴は、女性に男性を「キープ」することを認め、また、自分の希望順位が低い男性に対して女性が「ごめんなさい」と言うことを認めているところにある。つまり、女性は、男性に告白された時点では判断を確定させないわけである。そして、シャプレーとゲールは、このような方式の「キープ権付き告白タイム」によって実現するマッチングは必ず安定的であることを、数学的に証明したのである。「キープ権付き告白タイム」によるマッチングが安定的であることを理解するには、次のことを考えてみればよい。

例えば、いま、「キープ権付き告白タイム」によって、男性Xのパートナーは女性Aに決まっているのだとして、とはいえ、男性Xの本心としては、Aとは別の女性Yの希望順位の方が女性Aの希望順位よりも高かったのだとしてみよう。しかし、男性Xのパートナーは女性Aであって女性Yではないわけであるから、男性Xは、これまでのどこかのラウンドにおいて、女性Yから「ごめんなさい」と言われているはずである（それは仕方のないことである）。そして、そのとき、女性Yが男性Xに

「ごめんなさい」と言ったのは、女性Yが、彼女にとって男性Xよりも希望順位の高い、Xとは別の男性Bからの告白を受け入れたからであるにちがいない。したがって、「キープ権付き告白タイム」によって成立する「男性Xと女性A」のカップルは「悲劇のカップル」ではありえず、そしてまた同様に、「男性Bと女性Y」のカップルも「悲劇のカップル」ではありえない。

シャプレーとゲールが以上の結果を得たのは一九六〇年代初頭のことであったが、そのとき彼らは、問題は純粋に数学的なものであると考えていた。もしも彼らが、現在の日本のように少子化対策として自治体までもが婚活パーティーを盛んに実施するような状況下においてマッチングの問題を考えていたのならば、彼らも、最初から応用を見据えた研究を行うことになったかもしれない。いずれにせよ、当時のアメリカは、まだベビーブームの只中にあり、シャプレーとゲールの理論が経済問題の解決のために応用できることが発見されるまでには、その後、およそ四半世紀の時間を要することになった。そして、シャプレーとゲールの理論がすぐれて実践性に富むことを発見したのが、シャプレーと共同受賞をしたアルビン・E・ロスである。

ロス（二〇一二）

研修医と病院

ロスは、アメリカにおける研修医制度について調査するなかで、「良好な環境の病院を探す研修医と優秀な研修医を受け入れたい病院」という問題の本質がマッチングであることを見抜き、アメリカにおいては、シャプレーとゲールの「キープ権付き告白タイム」――専門的には「受け入れ保留(defferred acceptance)アルゴリズム」と呼ばれる――と同様の方法によって、研修医と病院の双方が相手側の希望順位リストを用いてマッチングを決めているという事実を突き止めた。ここに、「マーケットデザイン」と現在呼ばれている新たな研究分野が誕生したのである。[10]

ロスはさらに、イギリスにおける研修医制度を調査した結果、「受け入れ保留アルゴリズム」と同等の仕組みが用いられている地域においては研修医制度が持続しているものの、そうでない地域においては、研修医制度が短期間に何度も変更されたり、あるいは廃止されたりしているという事実を発見した。

ロスの研究がいわば起爆剤となって、以降、「マーケットデザイン」の研究は、実際の制度設計における マッチング理論の活用へと大きく方向転換をすることになる。というのは、実際には、例えば、研修医には、自分だけに有利になるようにするために戦略的に虚偽の希望順位を申告するインセンティブがあるかもしれず、また、研修医の申告する希望順位が、研修医本人だけではなく研修医のパートナーの意向に影響を受けることもありうるからである。実際、後者については、結婚している研修医のカップルは、二人とも同じ地域にある病院に勤めることを最優先するということが、しばしば観察されていたのである。

マーケットデザインは、すぐれて実践的な成果をもたらしている。例えば、一九九〇年代後半、ロスの提案に従って、アメリカの研修医制度は、研修医が希望順位に関する虚偽の申告をしても得るものが少ない方式へと、そして、研修医のカップルが同じ地域にある病院に勤めることを希望する場合にはそのことが考慮される方式へと改革された（そして、日本においても、「受け入れ保留アルゴリズム」に基づいた研修医制度が二〇〇四年に導入された）。そのほか、ニューヨークやボストンにおける公立学校の学校選択制度はマーケットデザインを応用して設計され、さらに近年では、腎臓移植に関するドナー（臓器提供者）とレシピエント（臓器移植希望者）との安定的なマッチングを実現するネットワークの構築をする際にも、マーケットデザインの知見が存分に活かされることになっている。

「三年で離職する大卒」

「受け入れ保留アルゴリズム」とそれに基づくマーケットデザインは、市場価格が付けられないような「財」に関する資源配分の問題の解決におおいに役立てられている。このことを別の観点から述べると、マーケットデザインは、価格を通じた資源配分が行われる市場の限界を明らかにしたということである。「婚活」にせよ、「研修医制度」にせよ、「学校選択制」にせよ、あるいは「臓器移植」にせよ、それらに共通することは、人に直接関わる——人の活動や行動そのものが対象となる——資源配分の問題だということである。それらの問題は、その数や量を生産によって増やしたり減らしたりすることができる種類の問題とは異なっており、あるいは、価格付けによって解決できる種類の問題とは異なっているのである。

人の活動や行動そのものが対象となる資源配分の問題については、「価格」「市場」は、望ましい資源配分を実現するのに足るだけの情報を伝達・共有することはできないため、必然的に失敗することになる。人類は、市場を実際に設計するという実践的な課題に取り組むところまできてようやく、市場の機能とその限界とを正確に理解することになったわけである。

　このように考えると、例えば、日本において、「大学卒業者の三分の一程度が、三年以内に最初の就職先から離職する」という事実に象徴されるような雇用と労働に関わる資源配分の問題は、労働市場における「賃金」だけを通じて解決されるような問題ではないということになる。それでは、日本において、各種の就職・転職支援サービスなど人材関連のサービスは、求職者と企業との間での安定的なマッチングを実現するような設計になっているのだろうか。結論としては、この問題に関連する制度設計においては、残念ながら、日本は先進国のなかで遅れをとっているといわざるをえないのが現状である。[11]

4　人はなぜ「協力」するのか

「合理的経済人」という矛盾

　経済学における「合理的経済人（homo economicus）」の想定は、これまで幾度となく批判の対象とされてきた。論者によってその表現は様々であるが、批判の根拠として共通することを要約的に述べるならば、「経済学が想定するような超人的な能力を、誰も備えてなどいない」ということである。

たしかに、一度もミスや失敗をしたことがないという人はいないであろうし、あるいは、人が集まれば「三人寄れば文殊の知恵」ということでミスや失敗が必ず防げるようになるのかといえば、失敗する企業の方が成功する企業よりも圧倒的に多いという経験的事実の前には、「船頭多くして船山に登る」の方が説得力をもつようにも思われる。

だがここで、経済学に公平となるように弁護をするならば、経済学における「合理的経済人」の想定の根拠として、「経済学者が例外なく、人間のことをミスや失敗を絶対にすることのない超人的な能力を備えている存在とみなしているからである」と考えるのは、正しくない。なぜなら、そこには、理論的な要請による理由があるからである。すなわち、経済学者が「合理的経済人」を想定するのは、もしも人間のことを、ミスや失敗をする、あるいは、ときには矛盾した行動をするような存在として想定するならば、その結果として予測されることは、いわば「何でもあり」ということになってしまうがゆえに、得られた結果に対して有意味な説明を与えることができなくなってしまうからなのである。

例えば、ある事象や現象が起こったことの原因として、「なぜなら、人間は愚かだからである」という言明をもってきてもよいことにしたとしよう。しかしそのとき、結果が良好な場合には「なぜなら、人間は賢いからである」ということにして、結果が良好でない場合には「なぜなら、人間は愚かだからである」ということにするならば、実はそれは、「結果が良好であるか否か」ということが、「人間は賢いときもあるし、愚かであるときもある」という言明に置き換えられただけの話である。これは、厳密な意味では、「説明」ではない。なぜならば、そこでは、「結果は、なぜ良好であるときとそうでないときとに分かれるのか?」という問いが、「人間はなぜ、賢いときもあるし、愚かであるときもあるのか?」という問いに変形されているにすぎないからである。このように考えると、結論としては、人間の行動を説明する理論の出発点——公理系——として人間の属性を据える場合には、「人間は矛盾する」という想定は排除されなければならないということになるわけである。

逆にいえば、人間の属性として「矛盾したことをする」ということをいったん認めるならば、人間のすることとその結果のすべてを記述することができるようになる。だが、そのような記述の集合は、実は、「人間は矛盾したことをする」という、前提として想定したこと以外に新しい知識を何らもたらさないという意味で、まったく無価値なのである。

したがって、以上のことをふまえると、人間の「合理性」を出発点として、そこから、「人間は協力することがある」といった、「合理性」に一見反するような人間の行動を説明することにこそ価値があるのだということになる。次に紹介するのは、そのように考える人々によって新たに明らかにされたことである。

スミス（二〇〇二）

「実験経済学」の誕生

ヴァーノン・L・スミスは、一九五二年のある日、経済学を専攻するために進学したハーバード大学大学院において、ある講義に出席していた。その講義を担当していたのは「独占的競争」に関する理論ですでに有名人となっていた、エドワード・チェンバリンである。

チェンバリンは、講義の導入として、講義に出席していた学生を被験者とする実験を行った。実験の手順とその結果は、次のようなものである――クラスの半分が買い手、残りの半分が売り手となる。買い手は買値の最高価格を教えられ、売り手は売値の最低価格を教えられる。買い手と売り手は、いずれも教室内を歩き回り、売買の相手を各々見つけて、価格交渉をする。取引が成立しなければ相手を替え、取引が成立したら、クラスの全員にそのことを告げる。

全員の取引が成立すると、チェンバリンは実験終了の合図をし、そして、取引が成立した価格と数量の組み合わせを示すグラフを黒板に描いた。しかしながら、そのグラフは、教科書に載っているような需要曲線や供給曲線とは、似ても似つかないものであった。グラフを指して、チェンバリンは言った――諸君。このように、現実の取引の結果は、本に載っている完全競争と同じようにはならないのである。それでは、私が理論化した「独占的競争」では、どのような結論になるのか。これから説明することにしよう――。

チェンバリンの話に聞き入りながらも、スミスは完全に納得してはいなかった。「たった一度の実験結果をもって、完全競争の理論を反証したことになるのだろうか?」――それから四年の歳月が流れたある日、パデュー大学の講師となっていたスミスは、自分の担当するクラスにおいて、「ダブルオークション」と今日呼ばれている方法を採用した実験を行った。

「ダブルオークション」とは、証券業界でいう「ザラ（雑乱）場」と同じで、売り手は売値（呼び値）と販売量を、買い手は買値（付け値）と購入量をいずれも叫ぶことで、それらを参加者全員に対して公開しながら取引を行う方法である。取引は、売値と買値とが最初から一致しているときか、一方が他方に合わせて売値あるいは買値を変更したときに成立する。果たして、スミスの実験においては、そのことを数回繰り返すと、取引の成立価格は、「市場均衡」へと見事に収束していったのである。「実験経済学（experimental economics）」が誕生した瞬間であった。

スミスにとっての最大の関心事は、「現実の市場において成立する価格は、経済理論が説明するような需給調整機能を備えるのか否か」ということであった。ところが、金融商品を模した財が取引の対象とされたときには、予想外の現象が生じた。「バブル」が発生したのである。取引価格は上昇することをやめず、トレーダー役の学生が「ストップ高」を宣言するまで、価格の上昇が続いた。それは、市場が崩壊したに等しい結果であった。だが、このような結果を目の当たりにしても、スミス自身は「現実の市場において成立する価格は、需給調整機能を備える」という仮説を棄却することはしなかった。スミスは、人間の合理性と利己性とを信じており、「バブル」の発生は、人々が合理的で利己的である可能性を全面的に否定するわけではないと考えたからである。

ゲーム理論が通じない

ゲーム理論の熱烈なファンを自任していたスミスでもあったが、次の実験結果には、さすがに当惑を隠せなかった。スミスが行った実験とは、次のような「百ドル分配ゲーム」である。

ゲームのプレイヤーは、XとYの二人である。最初に、プレイヤーXに百ドルが手渡されるが、プレイヤーXは、その百ドルをプレイヤーYと分け合わなければならない。ただし、百ドルのうちのいくらを自分の取り分とするのかは、百ドルを手渡されたプレイヤーXの方が決めることができるとする。したがって、手渡された百ドルのうちからプレイヤーXが自分の取り分として取った残りが、プレイヤーYに分け与えられることになる。

このとき、プレイヤーYは、プレイヤーXが提示した分け前に不満であるならば、分け前の受け取りを拒否することができる。そして、プレイヤーXは、自分がプレイヤーYに提示した分け前がプレイヤーYに拒否された場合には、最初に手渡された百ドルを没収される。ゲームのプレイは、一回かぎりである。つまり、分け前を決めることができる権利がある点ではプレイヤーXの方が有利なのであるが、プレイヤーXの取り分をゼロにすることができる拒否権が与えられている点ではプレイヤーYの方が有利であるので、ゲームは、全体としては、XとYとの間での権利の配分が公平になるようにデザインされている。

プレイヤーYが、もしもゲーム理論が通常想定するような合理的で利己的なプレイヤーであるならば、提示される分け前がいくらであろうと、拒否権は行使しないはずである。なぜならば、拒否権を行使すれば自分の分け前はゼロとなるが、拒否権を行使しなければ必ず、いくらかの金額を確実に手にすることができるからである。

ところが、実験の結果は、そのようにはならなかった。スミスは考えうるすべてのバリエーションを試してみたが、実験ではついに、「プレイヤーYが受け取りを拒否する」という結果を一度も排除することができなかったのである。この結果が示唆することは、裏を返せば、「人間は、ゲーム理論が想定するほどには合理的でもないし、また、ゲーム理論が想定するほどには利己的でもないことがある」ということである。実験によって発見されたのは、「人間は、非合理的で非利己的な行動をすることがある」という、それだけをとってみれば、何ら目新しくないように思われる事実である。

だが、右のことは、慎重に解釈されなければならない。実験によって観察されたことに基づくならば「人間は、非合理的で非利己的な行動をすることがある」ということになるが、だからといって、当の本人が自身のことをそのように認識・理解しているかどうかは不明である。また、人間が「したいと思っていることと、実際にやっていることとが違ってしまうことがある」生き物であるのだとしても、しかし通常は、「したいと思っていること」を直接観察することはできない。そしてまた、人間が「ほんとうは自分が何をしたいのか、当の本人にもわからないことがある」生き物でもあるのだとしても、本人に「したいと思っていること」を直接尋ねることで得られる回答がいつでも、科学的な検証に堪えられるだけの十分な信頼度を備えているという保証もない。要するに、実験や観察の結果によって「人間は、非合理的で非利己的な行動をすることがある」ということが示唆されるからといって、実験や観察の結果それ自体が、それによって示唆されることの真偽を確かめる方法をあわせて提供するわけではないということである。

私たちはいま、実験結果によって示唆される「人間は、ゲーム理論が想定するほどには、合理的でもないし利己的でもない」という、経済理論の大前提を否定しかねない内容の推測を手にしており、しかし同時に、その推測の真偽を確かめるための信頼できる方法を持ち合わせてもいないというところに立たされている。いったいどうしたら、ここから先に進むことができるのだろうか。

だがここで、次の問題がまだ十分に検討されてはいないことを見落としてはならない――「ゲーム理論が想定するほどには」というが、もしかすると、その当のゲーム理論の方に改善の余地が残されている可能性が、ありはしないか？　このように問いを立て直したのが、ロバート・J・オーマンである。

オーマン（二〇〇五）

「協力」を導く理論

オーマンによれば、人間が「対立」だけではなく「協力」を選ぶことがあるのは、人間の非合理性に起因することではない。なぜなら、オーマンが定式化した「繰り返しゲーム（repeated games）」においては、人々が合理的で利己的であるというまさにそのことによって、「対立」と「協力」の双方がもたらされることが証明されるからである。オーマンは、次のように言う——「繰り返しゲームの理論を用いると、利他主義、協調、信頼、忠誠、復讐、脅迫（それは、自己破壊的なものとそうでないものとに区別される）などといった、一見合理的ではないように見えることも、ゲーム理論と新古典派経済学の『利己的な』効用最大化の枠組によって説明できるのである[12]」。

ゲーム理論は、その初期においては、「一回かぎり（one-shot）」のプレイを想定して研究が行われていた。しかしながら、通常、自分が現在行った意思決定や行動の結果は、自分の将来の意思決定や行動に何らかの影響をいくらかは与えるものであるだろう。だが、それだけではない。例えば、今回は相手を裏切って得をしたとしても、もしもその相手と将来再び勝負をしなければならないのであれば、今回相手を裏切ったことが、相手に対して、将来において裏切り返して復讐をするというインセンティブを与えることになるかもしれない。そのときには、今回相手を裏切ることは必ずしも得策ではない——このような状況では、一般に、いったい何を基準にしてどのような選択をすることが、合理的であるといえるのだろうか——オーマンが考えたのは、このような問題である。

プレイが今回の一回かぎりではなく将来において繰り返されるときに問題の様相がどのように異なってくるのかを理解するために、ここで、先に挙げた「百ドル分配ゲーム」を再び例として考えてみることにしよう。

先と同様のゲームにおける第一回目のプレイにおいて、プレイヤーYは、プレイヤーXから一ドルの分配額を提案されたとしよう。さてこのとき、プレイヤーYは、「もっと分け前を増やせ」というメッセージをプレイヤーXに送るために、プレイヤーXの提案を拒否することを選ぶとする。このとき、プレイヤーYは、自分が希望する取り分をプレイヤーXに提示させるために、何回くらい拒否し続けるべきなのかをあらかじめ決めておかなければならない。プレイヤーYにとって絶対に避けたいことは、自分が拒否を繰り返し続けることがプレイヤーXからの取り分を増やすことにまったくつながらないという事態である。

プレイヤーYが途中で急に弱腰になるときには、そのことをプレイヤーXに見抜かれて——要するに、足元を見られて——プレイヤーYの取り分は少なくなる。しかし、プレイヤーYが強気の姿勢を崩さず、できるだけ粘り強く拒否を繰り返せば、プレイヤーYの取り分は大きくなる——以上のことを、オーマンは証明した。内容的には「臥薪嘗胆《がしんしょうたん》」に似た感じであるわけだが、一回かぎりのプレイとは異なり、プレイヤーYは、最終的にはプレイヤーXの提案を受け入れることになる、つまりは「協力」を選ぶことになるのである。

オーマンは、ゲーム理論について、「その内容を正確に示す表現としては、『相互に作用する意思決定に関する理論（Interactive Decision Theory）』の方がふさわしい[13]」と述べている。そのように考えるオーマンによれば、ゲーム理論とは、次のようなものである――「『合理的な』行動が道徳的に正しいのか否か、あるいは、倫理的に正しいのか否かということについて、ゲーム理論は一切考えない。ゲーム理論が考えるのは、合理的すなわち利己的な個人や組織が何をするのかということだけである[14]」。しかしながら、このことは、人々の「倫理的な判断に基づいているように見える」行動について、ゲーム理論が何も明らかにしないということを意味するのではない。オーマンによれば、むしろ、その逆である。

ノーベル賞記念講演において、オーマンは、次のような喩え話を披露した[15]――「合理的な運転手であるならば、交通違反で逮捕されたときに、見逃してもらうために警官に賄賂を贈ったりはしません。しかし、運転手は、倫理的な判断からそのようにするのではありません。そうではなく、運転手が、贈賄の罪で告発されるかもしれないと警官に不信感を抱き、警官に弱みを握られたくはないと考えるからです。他方、警官が運転手から賄賂を受け取らないのも、警官としての服務規程や職業倫理からそのようにするのではありません。そうではなく、警官が、収賄の罪で告発されるかもしれないと運転手に不信感を抱き、運転手に弱みを握られたくはないと考えるからです。このように、倫理観や道徳観とは無縁の人間であっても、相手に対する不信感を抱くときには、倫理観や道徳観に基づいたのと同じ行動をとるのです」。

つまり、ゲーム理論が考えるのは、「合理的すなわち利己的な個人や組織が何をするのかということだけ」なのであるが、オーマンによれば、そのようなゲーム理論によってこそ、道徳観や倫理観などに基づいているように見えるが実際にはそうではない現象が正しく説明することができるのだということである。

本節の冒頭で述べたように、経済学における「合理的経済人」の想定は、これまで幾度となく批判の対象とされてきた。そのとき、それらの批判の根拠が「経済学が想定するような超人的な能力を、誰も備えてなどいない」ということであるのだとしたら、それらの批判は正当なものであるといえるだろうか。「経済主体は、完全な合理性を備えてはいない」という前提から経済主体の完全な合理性によっては説明されない結論が導かれるのは、自明である。それは、同語反復とほとんど同じである。それに対して、「経済主体は、完全な合理性を備えている」という前提から、一見すると経済主体の完全な合理性と矛盾するように見える結論が導かれることは、けっして自明ではない。

つまり、経済理論が私たちに教えていることは、理論の価値を評価する際には、実際の事象や現象に照らした場合の前提の妥当性だけが基準として採用されるべきではなく、前提から結論を導く論証の非自明性――それには、例えば、「利己的な経済主体からなる完全競争経済においては、パレート効率的な資源配分が実現される」という「厚生経済学の第一基本定理」[16]の証明も含まれる――も基準としてあわせて採用されるべきであるということなのではないだろうか。

5 「思考実験」としての経済学

ルーカスのフォロワーたち

今年二〇一六年は、ケインズの『一般理論』が出版されてから八十年目に当たる年である。ケインズが提供したのは、「全体としての経済」を捉える理論的枠組みであったが、『一般理論』が世に出てから現在に至るまでの間、ケインズ経済学は、死亡宣告をされ[17]、そして復活する[18]という運命を辿ってきた。

他方、二十世紀の前半、ケインズによってその権威が失墜させられることとなった新古典派経済学は、その後一九七〇年代から一九八〇年代にかけて、ケインズ経済学に死亡宣告をすることで、その名誉を回復した。そこにおいて中心的な役割を果たしたのは、第三章で取り上げられたルーカス、そして、そのフォロワーたちである。

ルーカスの代表的なフォロワーの一人であるフィン・E・キドランドは、ノーベル賞記念講演において、経済理論を構築する目的を述べるにあたって、ルーカスの次のような主張[19]を全面的に肯定しながら引用している――「経済理論の役割の一つは、整えられた人工的な経済システムを提供することである。実際の経済を対象とした実験がかなり大きな費用を伴うのに対して、実験の代わりに経済理論を使えば、その費用をかなり抑えられるのである[20]」。

つまるところ、ルーカスとそのフォロワーにとっては、経済理論とは「思考実験」にほかならない。本章の最終節となるこの節では、「全体としての経済」すなわち「マクロ経済」に関して、ルーカスのフォロワーたちが何を問題としてどのような「思考実験」を行い、そして、どのような「実験結果」を得たのか、そして、それらのことによって「マクロ経済」に関する理解がどれだけ深まったのかをみてみることにしたい。

プレスコット（二〇〇四）

災害のモラルハザード

キドランドと並んでルーカスの代表的なフォロワーであるエドワード・C・プレスコットは、先にふれたキドランドとの共同研究によって、ノーベル経済学賞を受賞した。彼らへの授賞の理由の一つは、「マクロ経済政策を評価するための新たな枠組み」を提供したことであるが、その基本的な着想は、次のようなものである。

例えば日本では、地方自治体は、建築基準法第三十九条を根拠として、災害危険区域を指定して、災害危険区域内の建築物の建築を禁止することができる。だが、結論を先にいえば、プレスコットとキドランドは、このような法的規制を全面的に否定する。その理由は、次のようなことである。

災害危険区域に指定された土地は、リスクが大きいとみなされることから、一般に地価が値下がりする。したがって、災害に遭うリスクをそれほど高く見積もらないリスク愛好的な者にとっては、災害危険区域内の土地の魅力は増すことになる。このとき、そのようなリスク愛好的な者が災害危険区域の土地を購入して、そこに建築物を建築することを妨げることは自由な取引を制限することにほかならず、したがって、資源配分の効率性を損なうことになる。このことを考慮し、政府は、災害危険区域の指定を行わないことにする。そうすると、リスク愛好的な人はいつの世でもいるので、条例があれば災害危険区域に指定されていたはずの土地に建築物を建築する人が出てくることになる。

問題が顕在化するのは、実際に災害が起こったときである。このとき、政府が災害救助を行ったとすると、それ以降、政府によって災害救助がなされることを見込んで、危険な土地に建築物を建築する人が後を絶たないことになる。つまり、「モラルハザード」が発生することになるわけであるが、そのことによって、政府が災害救助をするときに生じる問題は、政府の財政負担が増すことだけではない。政府が災害救助をするときには、災害救助の分だけ災害のコストが割り引かれるのと同じことになるため、それほどリスク愛好的ではない人まで危険な土地に呼び込んでしまうことになり、その結果、資源配分が歪められるという問題が追加的に生じてしまうのである。

プレスコットとキドランドの結論は、至ってシンプルである――「災害危険区域の指定は行うべきでない。そして、政府は、災害発生時の救助も行うべきではない」。血も涙もないような結論であるが、この結論は、次のような論理によって正当化される。

いま、政府は災害危険区域の指定はしていないが、実際に災害が発生した際には、政府は、「救助もしない非人道的な政府」と評価されることによって政府の信頼度が将来において低下することを避けるべく、裁量的な判断によって救助を行うとしよう。だが、政府が救助を一度でもしてしまうと、その後に、「前回の救助は、不測の緊急事態への特例的な対応である。当該地域については災害危険区域の指定はしていないのであるから、今後は二度と、救助は行わない」と政府が何回繰り返したところで、その信頼度と説得力は確実に損なわれることになる。なぜなら、「でも……実際に災害が起これば、『これまでのお約束とは異なる新しい判断』によって救助しますよね？」というように、政府の側につけこまれる余地が生じてしまうからである。

財政負担の増加と資源配分の効率性の低下が惹き起こされることになるので、政府としては、災害のコストを災害救助の分だけ割り引いて考える人については、危険な土地には入ってきてほしくないわけであるが、政府の過去の政策によって人々が「でも……実際に災害が起これば、『これまでのお約束とは異なる新しい判断』によって救助しますよね？」となるならば、政府の過去の政策が、災害のコストを災害救助の分だけ割り引いて考える人が危険な土地に入ることを誘発することになる。そして、このようなとき、再び不測の事態として災害が生じ、再び「特例」として救助を行うならば、政府の信用は完全に失墜し、「何を言っても、誰にも信用してもらえない」ということになりかねない。

政府と国民の「ゲーム」

論点を整理しよう。政府にとって、過去のある時点では、裁量的な判断で救助をすることは長期的に最適な政策であった。だがそれは、後の将来時点において、その将来時点における政府の主張の信頼度と説得力を損ねることになるがゆえに、将来時点において、短期的には最適ではなくなってしまう。つまり、その時々の裁量的な政策は、後の時点における自らの政策の信頼度を低下させる確率を高めるという意味で、自らを裏切るように作用することになる——このような思考実験によってその本質が突き止められた事象を、プレスコットとキドランドは「時間的非整合性（time inconsistency）」と名付け、その観点からマクロ経済政策を評価する枠組みを提供した。

すでにお気づきの読者もいるだろう。そう、ここでは政策の問題が、政府というプレイヤーと、住民ないし国民というプレイヤーとの間でプレイされる「ゲーム」として捉えられているのである。このように、プレスコットとキドランドは、従来は「制御（control）」あるいは「管理（management）」の問題として考えられていた金融政策や財政政策などのマクロ経済政策を、「ゲーム」として再定義したのである。これが、授賞理由の一つとされた「マクロ経済政策を評価するための新たな枠組み」の具体的な内容である。

マクロ経済政策に関する「時間的非整合性」の根底には、「政府の過去のマクロ経済政策が将来のマクロ経済政策に関する国民の現在の予想に影響を与え、その予想が、国民の経済行動に影響を及ぼす」という問題がある。では、いったい政府はどうすればよいのだろうか。プレスコットとキドランドの回答は、そこだけをとってみれば、ごく常識的なものである——「政府が、自分自身を拘束するような『ルール』を設定し、その『ルール』を遵守するならば、時間的非整合性の問題は生じない」。このことはつまり、裁量的な政策を実行する能力を政府が自ら放棄するに等しいことである。プレスコットとキドランドの主張は、いわば、「プログラムの書き換えが一切なされないことがプログラムの一部として明示的に書き込まれているプログラム」に従って政策が実行されるべきだということである。

プレスコットとキドランドの論理は、一分の隙もないように思われる。だが、そのことに気を取られて、次のことを見落としてはならない。実のところ、プレスコットとキドランドは、政府が従うべきマクロ経済政策の「ルール」が具体的にはどのようなものであるべきかについては、ほとんど何も示してはいない。例えば、「ルール」の具体的な内容は、インフレーションの抑制が政策目標である場合とデフレーションからの脱却が政策目標である場合とでは、同じものであるはずがない。あるいはまた、政府や中央銀行が誤って設定された「ルール」に従い続ける場合にマクロ経済が被る損失の大きさと、時間的非整合性が生じることによってマクロ経済が被る損失の大きさとを比較したとき、いずれが大きいのかは自明ではない。「思考実験」によって示すことができることにも、もちろん限界がある。

キドランド（二〇〇四）

カリブレーション

すでに述べたように、キドランドとプレスコットへの授賞の理由の一つは「マクロ経済政策を評価するための新たな枠組み」を提供したことであるが、彼らへの授賞理由は、もう一つある。それは、「実物的景気循環理論（real business-cycle theory）の開拓」である。実物的景気循環理論もまた「思考実験」にほかならないが、その概要は、次のようなものである。

実物的景気循環理論では、家計は時間を通じた多期間にわたる消費を行い、企業は時間を通じた多期間にわたる生産を行う。そこにおいて特徴的なことは、三つある。一つは、家計は自分の持ち時間を労働と余暇とに振り分けるとされること、もう一つは、企業が新規の資本設備を建設する際には、その建設期間は一期間内では完結せずに複数期間を要するとされること、そして、最後の一つは、マクロ経済全体に対しては、時間を通じて確率的に変動する技術進歩率が「ショック」として与えられるということである。これら一つひとつの想定は、いずれも常識的で現実的なものであるようにも思われる。

人によってどの程度の自由度があるのかを別にすれば、人々が自分の持ち時間を労働と余暇とに振り分けていることは否定されないだろうし、また、マクロ経済において問題となるような大規模な資本設備の建設は、一般に、ある程度以上の長い期間を要するはずである。そして、技術の進歩がどのように実現されるのかについて、事前に確定的なかたちでそれを予測することなど、一般には誰にもできないはずである。なぜなら、例えば、もしも事前に確定的なかたちで技術の進歩が予測されるのであれば、個々の新技術の開発がニュースとしてメディアで取り上げられることなど絶対にないはずであるし、また、マクロ経済全体に影響を与えるような技術の進歩について、それを事前に確定的に予測できるなどということは到底考えにくいからである。

以上述べたような想定がなされたマクロ経済モデルを用いて、キドランドとプレスコットは、数値シミュレーション――それは、「数値計算によるミサイルの射程距離の測定」という意味をもつ「カリブレーション（calibration）」という専門用語で呼ばれる――を行い、ＧＤＰ、消費、投資、雇用量などの主要なマクロ経済変数について、それら複数のマクロ経済変数間の関係や各々のマクロ経済変数の変動パターンなどについての計算結果を得た。実物的景気循環理論は、先にみたように、それを構成する一つひとつの部分はどれも常識的で現実的であるように思われる。しかしながら、実物的景気循環理論の数値シミュレーションの結果について、その経済的な意味を考えると、実物的景気循環理論から導かれる含意は、全体として、かなり非常識なものであるといわざるをえない。そのことを象徴するのは、例えば、次に示すような含意である。

「早まった」理論

実物的景気循環理論によれば、「不況」とは、「家計が、労働所得によって可能となる消費よりも余暇の方を重んじるがゆえに労働供給量が減少し、その結果として、雇用量と生産量とが減少する」という現象だということになる。したがって、実物的景気循環理論においては、「失業」はすべて、家計の自発的な選択の結果である。すなわち、実物的景気循環理論の「人工世界」においては、「不況」時には、失業者の誰もが、「自分が辞めたくて、仕事を辞めている」ということになっている。それゆえ、「不況」は解消されるべきではないという結論になる。

実は、この点に関連して、ケインズは、『一般理論』の「第22章　景気循環に関する覚書」のなかで、次のように述べている。

もう一つの学派は、景気循環の解決を消費あるいは投資の増加に求めないで、雇用を得ようとする労働の供給を減少させることに求めている。すなわち、雇用あるいは産出量を増加させないで、現存雇用量を再配分しようとするのである。

これは、私には早まった——消費を増加させる計画よりも明らかにはるかに早まった——政策であるように思われる。すべての人々が余暇増大の利益と所得増大の利益とを比較考量する時がやがて到来する。しかし、私の考えでは、現在のところ、大部分の人々は余暇の増大よりも所得の増大の方を選ぶであろうと信ずべき有力な証拠があり、私には、所得の増大の方を選ぶ人々を強制してより多くの余暇を享楽させることの十分な理由がわからない。[21]

実物的景気循環理論は、ケインズがこのように述べてから半世紀後の一九八〇年代に開発されたものである。しかしながら、そのときにもやはり、世界全体を見渡すならば、すべての失業者が自ら望んで失業をしているという証拠など示されてはいなかったのであるから、いまだ「すべての人々が余暇増大の利益と所得増大の利益とを比較考量する時」には至ってはいなかった。そしてまた、「所得の増大の方を選ぶ人々を強制してより多くの余暇を享楽させることの十分な理由」が明らかにされていたわけでもなかった。したがって、私たちもやはり、ケインズと同様に、実物的景気循環理論を「早まった」ものであると評価せざるをえない。

実物的景気循環理論の特徴とは、端的には、「一つひとつの部分は間違っていないのだが、全体としては間違っている」ということである。このこともまた、ケインズが『一般理論』においてマンデヴィルの『蜂の寓話』（一七一四年）を引きながら論じた「節約のパラドックス（paradox of thrift）」

――「個々の貯蓄率の増加は、全体の所得を減少させる」――の名で知られる命題がもつ論理的な構造、すなわち、「合成の誤謬（fallacy of composition）」を私たちに容易に想起させるに足るものである。

今年二〇一六年は、ケインズの『一般理論』が出版されてから八十年目に当たる年である。しかしながら、その間に、ケインズが『一般理論』において不十分・不適切であるとして退けたのと同じ捉え方・考え方をする経済学者に対して、ノーベル経済学賞が授与されることになったわけである。

「ノーベル賞の価値を下げる」

それは、キドランドとプレスコットへのノーベル経済学賞の授賞が発表されてから二ヵ月後、授賞式当日である二〇〇四年十二月十日の朝のことであった。

スウェーデンの国内紙であるDagens Nyheter紙に、「ノーベル経済学賞は他のすべてのノーベル賞の価値を下げる」（"The Nobel prize in economics diminishes the value of all other Nobel Prizes"）と題された英文による公開書簡が掲載された。その宛先はスウェーデン王立科学アカデミーであり、執筆者はスウェーデン王立科学アカデミー会員である数理統計学者一名を含む三名のスウェーデン人科学者であった。

「ノーベル経済学賞は他のすべてのノーベル賞の価値を下げる」とは、ノーベル経済学賞の他のノーベル賞に対する「負の外部効果」の指摘にほかならないが、公開書簡は、キドランドとプレスコットへの授賞理由を痛烈に批判するものであった。その骨子は、次のようなものである――「キドランドとプレスコットが経済問題を分析する際に採用している数学的な抽象化と単純化の方法は、自然科学の問題と社会科学の問題とが質的にまったく異なることを無視しているため、無意味な結論を導いているだけである。自然科学の猿真似ともいえる特殊な方法に基づく研究に対して権威ある賞が授与されることによって、経済に関する研究の将来的な方向性が誤ったものになるのは、不幸でしかない」。

続けて、公開書簡は、それまでにノーベル経済学賞の対象となった研究について、総じて、「物理学が自然現象を解明する」というのと同じような意味において「経済現象を解明した」ものであるとは言い難いと断じている。

本章の冒頭で、スウェーデン王立科学アカデミーが一九九五年二月にノーベル経済学賞の対象分野を経済学以外にも拡げたことについて触れたが、公開書簡では、授賞対象を歴史学や政治学の分野にまで拡げることが提案された（「歴史学や政治学の分野の業績評価は困難である」といったありうる反論に対しては、「文学賞があるのだから不可能ではない」と再反論がなされている）。そしてまた、授賞対象を拡げないのであれば、「中央銀行はその独立性を確保した方が望ましいことが今年の経済学賞受賞者によって数学的に証明されているのだから」、経済学賞をノーベル賞と完全に切り離すことによって、スウェーデン国立銀行は「独立性」を獲得するのがよいとの提案がなされた。

だが、二〇一六年現在、歴史学と政治学は授賞対象外のままであるし、スウェーデン国立銀行も「独立性」を獲得してはいない。

ノーベル経済学賞の望ましいあり方のためには、ノーベル経済学賞の「予測市場」において、「その経済学者が受賞する確率」の「証券」が取引されるだけでは、つまりは、「次に授賞される経済学者は誰なのか」ということが問題にされるだけでは不十分だということなのであろう。

「予測市場」の存在を前提にするならば、、私たちは、その経済学者の受賞確率だけではなく、「その経済学者が受賞することによって、人類が全体としていっそう賢明になる確率」と「その経済学者が受賞することによって、人類が全体としていっそう愚かになる確率」とを派生商品として開発し、「予測市場」において、それらもあわせて取引することにした方がよさそうである。というのも、経済学が私たちに教えるところをふまえるならば、「経済学者の受賞確率」証券の価格よりも、いま挙げた二つの派生商品の価格差の方が「ファンダメンタルズ」を忠実に反映するはずだと考えられるからである。

注

はしがき

1 http://www.nobelprize.org/nomination/economic-sciences/

2 杉本潔「ノーベル経済学賞は『ノーベル賞』ではない!?」(『経済セミナー』二〇〇五年一月号、通巻六〇一号)二四ページ。

3 http://www.thelocal.se/discuss/lofiversion/index.php/t193.html

4 『読売新聞』(二〇〇一年十一月二十九日付朝刊)。拙著『物語　現代経済学』(中公新書、二〇〇六年)第七章を参照。

5 関心のある方は、服部茂幸『アベノミクスの終焉』(岩波新書、二〇一四年)、伊東光晴『アベノミクス批判』(岩波書店、二〇一四年)などを参照のこと。

第一章

1 ノーベル賞の公式HPに、論文が掲載されている。http://www.nobelprize.org/nobel_prizes/economic-sciences/

2 面白いことに、ミュルダールは後年になって、受賞を後悔していたらしい。

3 トーマス・カリアーは、著書『ノーベル経済学賞の40年 20世紀経済思想史入門』(小坂恵理訳、筑摩選書、二〇一二年、(Thomas Karier, *Intellectual Capital : Forty Years of the Novel Prize in Economics*, 2010))の中で、サミュエルソンの受賞自体は何の驚きもないものの、なぜ一回目でなかったかくらいがサプライズであると言っている。ただし、誤解のないように言っておけば、現在の計量経済学のひな形や、ミクロ経済学、マクロ経済学といった区分、政策変数の区分などは、ティンバーゲンやフリッシュの業績なのであって、彼らが一回目の受賞者になったことがそれほど不思議なわけではない。

4 ウィリアム・ブレイト、ロジャー・W・スペンサー編『経済学を変えた七人 栄光のノーベル経済学賞受賞者』(佐藤隆三ほか訳、勁草書房、一九八八年、(William Breit and Roger W. Spencer, *Lives of the Laureates Seven Nobel Economists*, 1986))訳一三〇ページ。

5 もちろん、標準的な教科書の成立は「経済学の制度化」という副作用も引き起こす。詳しくは佐和隆光『経済学とは何だろうか』（岩波新書、一九八二年）を参照して欲しい。

6 前出『ノーベル経済学賞の40年』上巻一五〇ページなど。二人に対する評価はそのようなものである。

7 ケインズが『雇用・利子および貨幣の一般理論』（塩野谷祐一訳、ケインズ全集第7巻、東洋経済新報社、一九八三年、（*The General Theory of Employment, Interest and Money*, 1936））の中で、短期期待は実現されるものとして、むしろ長期期待に読者の注意を集中させたのと同じようなアプローチである。つまり、ここには経済学者の経済に対する見方＝ヴィジョンが理論に色濃く反映されるのである。この点から言えば、サミュエルソンのそれには科学的なエレガントさがあっても、ヴィジョンが見えにくいのである。

8 森嶋は、数理経済学の本を二つに大きく分けた。一つはドブリューのように本文中に数式を展開していくというフランス式であり、もう一つは本文中では極力数学は使わず、数式は文末の付録で展開するというイギリス式である。サミュエルソンは後者に分類されるであろう。そして、森嶋はイギリス式が好ましいとしており、自分もそう書きたいがなかなか難しいと言ってみせるのである。『森嶋通夫著作集（別巻）』（岩波書店、二〇〇五年）一七六ページおよび三〇六ページ。

9 ヒックスの業績として、「ケインズ氏と『古典派』」と題する一九三七年の論文を挙げないわけにはいかないだろう。ここで、簡略版ケインズ経済学の決定版であるIS-LM（原文ではIS-LL）曲線によるマクロ経済分析の手法が示されたのである。

10 *Econometrica*, Vol. 5 (2), 1937.
ついでながら、付言しておくと、その後ノーベル経済学賞を受賞することになる、アマルティア・センや自由主義者ジェームズ・ブキャナンらもこの問題に触発されている。ちなみに、自由主義者の解は、全員で同じところに行くのではなく、各自それぞれ一番行きたいところに行けば良いというものである。

11 前出『経済学を変えた七人』訳八九ページ。

12 前出『ノーベル経済学賞の40年』訳（下）四七ページ。

13 ちなみにこれが無視し得ないほど大きい。おおよそ今の日本で二十数兆円規模である。また、地価が上がるとそれを反映して、大きくなる。

14 だからこそ、ケインズ自身イギリスで国民所得統計を整備することを後押ししたのである。ちなみに、マクロ経済学を考える上でやはり不可欠な物価の指標に関しては、アメリカの経済学者アーヴィング・フィッシャーが尽力した。なお、国民所得統計の整備にあっては、一九八四年の受賞者であるリチャード・ストーンの名前も挙げておく必要がある。

15 これについては、少し注釈を加えておく方が望ましいかもしれない。例えば、中国やインドのような大国が経済発展することで、世界全体で見た場合の先進国と発展途上国との間の格差はむしろ縮小した。一方で、先進国内部、発展途上国内部での格差は拡大したのである。

16 もちろん、彼らの業績に対する批判が全くないわけではない。ここでは、GDPが家庭労働を含んでいない、環境を保護回復するための活動までプラスとして計上されている等々の批判があることを挙げておけば十分であろう。

17 前出『経済学を変えた七人』訳一三五ページ。

18 ただし、シカゴ大学の伝統という場合、フリードマン、スティグラー、ベッカーらの世代のものと、ナイトやヴァイナーとでは必ずしも同じではない。

19 もっと話を進めれば、今日アベノミクスを支える人たちの金融緩和論はマネタリズムの理論を下敷きにしているように思える。

20 もちろん、本人は否定しているが、これを疑っている人が多いこともまた事実である。もっとも、フリードマンの言うことを疑いそして告発しているのはナオミ・クライン『ショック・ドクトリン　惨事便乗型資本主義の正体を暴く』（幾島幸子、村上由見子訳、岩波書店、二〇一一年、（Naomi Klein, *The Shock Doctrine*, 2007））であろう。また、前出『ノーベル経済学賞の40年』上巻第二章もかなり懐疑的な立場を取っている。

21 以前は縦割りの弊害の象徴だったようなこの問題も、現在ではずいぶんと改善されている。

22 前出『一般理論』訳三八六ページ。

23　すでに述べたとおり、ハイエクに関しては判断が難しい。

第二章

1　ノーベル経済学賞受賞者の回想録集『経済学を変えた七人』（前出）訳四六ページ（Breit and Spencer eds. (1990), p.21）。

2　ノーベル経済学賞受賞者たちの伝記は、ノーベル賞ホームページ、前出『経済学を変えた七人』、シェンバーグ編『現代経済学の巨星：自らが語る人生哲学』、前出『ノーベル経済学賞の40年』を参照。

3　ルーカスに対するトービンの態度を知る上で重要な逸話を、トービンの下で学んだ吉川洋氏が語っている。一九七七年にルーカスがイェール大にセミナーでやってきて、一人の助教授が「非自発的失業」について質問したところ、ルーカスは「イェールでは未だに非自発的失業などとわけのわからぬ言葉を使う人が、教授の中にすら居るのか。シカゴではそんな馬鹿な言葉を使う者は学部の学生の中にも居ない」と答えた。話は一九三〇年代の大不況に及び、最悪のときには二五％もの失業率であったが、ルーカスの説明によれば、失業者は職探しという「投資」を行っていたのだという。最後にトービンが少し興奮した口調でルーカスに言った。「なるほどあなたは非常に鋭い理論家だが、一つだけ私にかなわないことがある。若いあなたは大不況を見ていない。しかし私は大不況をこの目で見たことがある。大不況の悲惨さはあなた方の理論では説明できない」と（吉川洋『ケインズ』ちくま新書、一九九五年、一九一－一九二ページ）。

4　前出『経済学を変えた七人』訳二一〇－二一一ページ（Breit and Spencer eds. (1990), p.134）。

5　トービンによる右下がりの流動性選好曲線の導出は、一九五八年の論文「危険に対する行動としての流動性選好」でなされた（*Review of Economic Studies* 25 (7)）。

6　「トービンのq理論」は、一九六九年の論文「貨幣理論に対する一般均衡アプローチ」において示された（*Journal of Money, Credit and Banking* 1）。

7　ストックがフローの完全な鏡であるという想定を取りたくないトービンは、ストックとフローをどう結びつけて理解すればよいかという問題を考え続けた。それがここで言う「苦労」である。『マクロ経済学の再検討』第四講、およびノーベル賞受賞講演で述べた経済モデルを参照。

8 トービン税の元々のアイディアは、国際資本移動への障害を作り、各国の自律的な金融政策を確保するため、通貨間の現物交換に一％の税を課すというものであった（一九七二年の講演、『インフレと失業の選択』Ⅰ-3）。その後、トービン自身が、投機の危険性を指摘したケインズのアイディアと結びつけて再提起した（『人間開発報告書1994』へのトービンの寄稿「国際為替取引税」（七〇ページ））。

9 Breit and Spencer eds. (1990), p.193.

10 ソローの内生的成長理論への批判は、二〇〇〇年の『成長理論』（第二版）を参照。

11 アメリカの一人当たりGDPの推移は、Maddison Project ホームページのデータを参照。

12 ハロッド＝ドーマー・モデルの骨格は、Roy F. Harrod（1900-78）の『動態経済学序説』(1948)、Evsey D. Domar（1914-97）の『経済成長の理論』(1957) で与えられている。

　ハロッドはケインズ経済学を動態化し、非常にシンプルな式によって、民間企業投資の累積的な拡大・縮小が景気循環を引き起こすことを明らかにした（ハロッド理論については、中村隆之『ハロッドの思想と動態経済学』（日本評論社、二〇〇八年）を参照してほしい）。私は、これを不朽の業績だと考えるが、残念なことにハロッドにノーベル経済学賞は与えられなかった。

　ハロッドが受賞を逃した理由について、根井（一九九五）は、興味深い指摘をしている。ハロッドは、ロビンソン（Joan V. Robinson 1903-83）やカルドア（Nicholas Kaldor 1908-86）と違い、政治的に左派ではないので、「この点では、選考委員会の「不文律」［左派には賞を与えない］には引っ掛からないはずなのだが、もし賞に漏れた理由が資本主義経済の不安定性を強調する彼の理論に関係があるとするならば、まさに大問題であると言わねばならない」（「ノーベル経済学賞―その栄光と偏向」講談社学術文庫『二十世紀の経済学』第Ⅱ部第三章、一七二ページ）。市場過程の安定性を証明する「一般均衡理論」が王道であり、それに根本から水を差す議論は認められないという話である。資本主義と社会主義が世界を二分していた冷戦時代のイデオロギー闘争に、ノーベル経済学賞も巻き込まれていたということだ。

13 ノーベル賞受賞講演「成長理論—回顧と展望」(1987)『成長理論』(第二版)所収、訳七-八ページ(訳文を一部修正)。

14 同上書、訳一二-一三ページ(訳文を一部修正)。

15 ナイトの経歴については、ブローグ『ケインズ以後の100大経済学者』を参照。ナイトの見解については、『フランク・ナイト 社会哲学を語る:講義録 知性と民主的行動』『競争の倫理:フランク・ナイト論文選』を参照。ナイトの優れた研究として、黒木亮氏の諸論文——「フランク・ナイトの経済学・競争体制批判—シカゴ〝学派〟再考—」『経済学史研究』53(1)など——を参照してほしい。

16 スティグラーの伝記は、自伝的著作である『現代経済学の回想』(一九八八年)を参照。

17 『経済学を変えた七人』訳一五六ページ(Breit and Spencer eds. (1990), p.96)(訳文を一部修正)。

18 スティグラー『現代経済学の回想』訳六三ページ(訳文を一部修正)。

19 宇沢弘文『ヴェブレン』(岩波書店、二〇〇〇年)一七九-一八七ページ。

20 ブキャナンの伝記は、彼の自伝“Better than Plowing”を参照。

21 『フランク・ナイト 社会哲学を語る:講義録 知性と民主的行動』(1960)ブキャナンによる「はしがき」訳 i-ii ページ。

22 アレの経済理論に対する姿勢は、ノーベル賞受賞講演「経済科学への私の主要な貢献の概要」、およびアレ「研究に向けての情熱」(シェンバーグ編『現代経済学の巨星』(上)所収)に明確に述べられている。

23 John von Neumann (1903-57) and Oskar Morgenstern (1902-77)『ゲーム理論と経済行動』(1944)。

24 アレは、一九五二年にパリで開かれた数理経済学とリスクに関する学会で、多くの期待効用理論を信じる人々の前で、以下のような実験を提起した。サヴェージ(Leonard J. Savage 1917-71)を含む多くが、期待効用理論に反する選択をしたという。「アレの反例」を含む、不確実性下の意思決定については、依田高典『不確実性と意思決定の経済学』（日本評論社、一九九七年）を参照。

25 Daniel Kahneman（1934-）and Amos Tversky（1937-96）「プロスペクト理論：リスク下の意思決定の分析」（1979）。

26 アレの物理学への関心は、アレ「研究に向けての情熱」訳三一〇―三一三ページ、および前出『ノーベル経済学賞の40年』（下）、第11章、訳一三三―一三五ページを参照した。

27 アレの一般均衡論に関して、B.R. Munier, "Fifty Years of Maurice Allais' Economic Writings", in Munier ed.（1995）, ch.1、根岸隆「アレー＝純粋経済学概論」（『経済学のタイム・トンネル』日本評論社、一九八四年）一六〇―一六四ページを参照。

28 ドブリュー「無作為遊歩と人生哲学」（シェンバーグ編『現代経済学の巨星』（下）、訳二五〇―二五一ページ）。

第三章

（注記なし）

第四章

1 以下、本章の執筆にあたっては、全般的に、ノーベル経済学賞ホームページ［http://www.nobelprize.org/nobel_prizes/economic-sciences/laureates/］を参照した。

2 Sylvia Nasar, "The Sometimes Dismal Nobel Prize in Economics", *New York Times*, 13 October, 2001.［http://www.nytimes.com/2001/10/13/business/13PRIZ.html?pagewanted=all］二〇一六年六月二十五日閲覧。

3 「予測市場」については、例えば、ドナルド・トンプソン『普通の人たちを予言者に変える「予測市場」という新戦略』（ダイヤモンド社、二〇一三年）を参照されたい。

4 シュンペーターも関与して、一九三〇年に設立された。初代会長は、名目利子率が期待インフレ率と実質利子率との和であることを示す「フィッシャー方程式」によって、今もほとんどすべての中級以上のマクロ経済学の教科書にその名が掲載されている、アーヴィング・フィッシャーである。なお、シュンペーターは一九四〇年と一九四一年の二年にわたって会長を務めたが、その後、一九四四年と一九四五年の二年にわたって会長を務めたのは、ケインズである。日本人ではこれまでに、森嶋通夫（一九六五年）、宇沢弘文（一九七六年）、根岸隆《ねぎしたかし》（一九九四年）の三名が会長を務めている。

5 本章で取り上げる受賞者のうち、二〇〇九年までの受賞者の経歴については、前出『ノーベル経済学賞の40年』に詳述されているので、そちらに譲ることとしたい。

6 ここでは、そのような著作のなかから一般向けに書かれたものを中心に、受賞者の受賞年順に、次のものを挙げておく。ジョージ・A・アカロフ／ロバート・シラー『アニマルスピリット』（山形浩生訳、東洋経済新報社、二〇〇九年）、ジョセフ・E・スティグリッツ『スティグリッツ教授のこれから始まる「新しい世界経済」の教科書』（桐谷知未訳、徳間書店、二〇一六年）、ダニエル・カーネマン『ダニエル・カーネマン心理と経済を語る』（友野典男監訳・山内あゆ子訳、楽工社、二〇一一年）、トーマス・シェリング『紛争の戦略 ゲーム理論のエッセンス』（河野勝訳、勁草書房、二〇〇八年）、エドマンド・S・フェルプス『なぜ近代は繁栄したのか 草の根が生みだすイノベーション』（小坂恵理訳、みすず書房、二〇一六年）、ポール・クルーグマン『2020年 世界経済の勝者と敗者』（浜田宏一訳、講談社、二〇一六年）、アルビン・E・ロス『Who Gets What（フー・ゲッツ・ホワット）マッチメイキングとマーケットデザインの新しい経済学』（櫻井祐子訳、日本経済新聞出版社、二〇一六年）、ジャン・ティロール『国際金融危機の経済学』（北村行伸・谷本和代訳、東洋経済新報社、二〇〇七年）、アンガス・ディートン『大脱出 健康、お金、格差の起原』（松本裕訳、みすず書房、二〇一四年）。

7 坂井豊貴『多数決を疑う 社会的選択理論とは何か』（岩波新書、二〇一五年）は、社会的選択理論に関する優れた入門書である。

8 David Gale and Lloyd Shapley, "College Admissions and the Stability of Marriage", *The American Mathematical Monthly*, vol. 69, 1962, pp. 9-15.

9 ここでは、シャプレーとゲールが示した例にしたがって、告白するのは男性の方であるとするが、以下の例では、男性を女性に、女性を男性に変更しても、同じ結果が得られる。

10 坂井豊貴『マーケットデザイン 最先端の実用的な経済学』(ちくま新書、二〇一三年)は、マーケットデザインに関する優れた入門書である。

11 例えば、太田聰一・橘木俊詔『労働経済学入門 新版』(有斐閣、二〇一二年)を参照されたい。

12 Robert J. Aumann, "War and Peace", Prize Lecture, December 8, 2005, p.352. [http://www.nobelprize.org/nobel_prizes/economic-sciences/laureates/2005/aumann-lecture.pdf] 二〇一六年六月二十五日閲覧。

13 Robert J. Aumann, *Collected Papers*, vol. 1, p.47.

14 Hilary Leila Krieger, "He's Got Game", *Jerusalem Post*, 1 November 2005. [http://www.jpost.com/Features/Hes-got-game] 二〇一六年六月二十五日閲覧。

15 Robert J. Aumann, "War and Peace", Prize Lecture, December 8, 2005. [http://www.nobelprize.org/mediaplayer/index.php?id=624] 二〇一六年六月二十五日視聴。

16 この問題については、例えば、神取道宏『ミクロ経済学の力』(日本評論社、二〇一四年)の「第3章 市場均衡」を参照されたい。

17 Robert E. Lucas, Jr., *Collected Papers on Monetary Theory*, edited by Max Gillman, Harvard University Press, 2013, Chap.21.

18 *New Keynesian Economics*, vols. 1 and 2, edited by N. Gregory Mankiw and David Romer, The MIT Press, 1991.

19 Robert E. Lucas, Jr., "Methods and Problems in Business Cycle Theory", *Journal of Money, Credit and Banking*, 12 (4), 1980, pp.696-715.

20 Finn E. Kydland, "Quantitative Aggregate Theory", Prize Lecture, December 8, 2004, p.341. [http://www.nobelprize.org/nobel_prizes/economic-sciences/laureates/2004/kydland-lecture.pdf] 二〇一六年六月二十五日閲覧。

21 前出ケインズ『雇用・利子および貨幣の一般理論』訳三二六ページ。

参考文献

第一章

（注参照）

第二章

【全般】

ノーベル経済学賞ホームページ
http://www.nobelprize.org/nobel_prizes/economic-sciences/laureates/

Breit, William and Roger W. Spencer ed.（1990）, *Lives of the Laureates: Ten Nobel Economists*, the MIT press, 2nd ed.（1st ed. in 1986）.（佐藤隆三他訳『経済学を変えた七人：栄光のノーベル経済学賞受賞者』（初版訳）、勁草書房、一九八八年）

Szenberg, Michael ed.（1992）, *Eminent Economists: Their Life Philosophies*, Cambridge University Press.（都留重人監訳『現代経済学の巨星：自らが語る人生哲学』（上・下）、岩波書店、一九九四年）

Karier, Thomas（2010）, *Intellectual Capital: forty years of the Nobel Prize in economics*, Cambridge University Press.（小坂恵理訳『ノーベル経済学賞の40年：20世紀経済思想史入門』（上・下）、筑摩書房、二〇一二

年）

【ジェームズ・トービン】

National Economic Policy : Essays, Yale University Press, 1966.（間野英雄他訳『国民のための経済政策』東洋経済新報社、一九六七年）

Asset Accumulation and Economic Activity : Reflections on Contemporary Macroeconomic Theory, Blackwell, 1980.（浜田宏一他訳『マクロ経済学の再検討：国債累積と合理的期待』日本経済新聞社、一九八一年）

The New Economics, One Decade Older, Princeton University Press, 1974.（矢島鈞次他訳『インフレと失業の選択』ダイヤモンド社、一九七六年）

Money, Credit, and Capital, Irwin/McGraw-Hill, 1998.（藪下史郎他訳『トービン金融論』東洋経済新報社、二〇〇三年）

【ロバート・M・ソロー】

『資本 成長 技術進歩』（福岡正夫他訳）竹内書店、一九八八年。「経済成長理論への一寄与」「技術の変化と集計的生産関数」「投資と技術進歩」など代表的論文を所収。

Growth Theory : an Exposition, Oxford University Press, 1st in 1970, 2nd in 2000.（福岡正夫訳『成長理論』岩波書店、初版一九七一年、第二版二〇〇〇年）

【フランク・H・ナイト】

Intelligence and Democratic Action, Harvard University Press, 1960.（黒木亮訳『フランク・ナイト 社会哲学

を語る：講義録 知性と民主的行動』ミネルヴァ書房、二〇一二年）
『競争の倫理：フランク・ナイト論文選』（高哲男・黒木亮訳）、ミネルヴァ書房、二〇〇九年。（"The Ethics of Competition"（1923）を含む7編の論文集）

【ジョージ・J・スティグラー】

Memoirs of an Unregulated Economist, Basic Books, 1988.（上原一男訳『現代経済学の回想：アメリカ・アカデミズムの盛衰』日本経済新聞社、一九九〇年）
The Citizen and the State: Essays on Regulation, University of Chicago Press, 1975.（余語将尊他訳『小さな政府の経済学：規制と競争』東洋経済新報社、一九八一年）
The Theory of Price, New York：Macmillan, 1942.（南部鶴彦他訳『価格の理論』（第四版訳）、有斐閣、一九九一年）
Capital and Rates of Return in Manufacturing Industries, Princeton University Press, 1963.
The Organization of Industry, R.D. Irwin, 1968.（神谷傳造他訳『産業組織論』東洋経済新報社、一九七五年）

【ジェームズ・M・ブキャナン】

The Calculus of Consent：Logical Foundations of Constitutional Democracy, with Gordon Tullock, University of Michigan Press, 1962.（米原淳七郎他訳『公共選択の理論：合意の経済論理』東洋経済新報社、一九七九年）
The Reason of Rules：Constitutional Political Economy, with Geoffrey Brennan, Cambridge University Press,

1985.（深沢実監訳『立憲的政治経済学の方法論：ルールの根拠』文眞堂、一九八九年）
Democracy in Deficit : the Political Legacy of Lord Keynes, with Richard E. Wagner, Academic Press, 1977.（深沢実他訳『赤字財政の政治経済学：ケインズの政治的遺産』文眞堂、一九七九年）
Economics : between Predictive Science and Moral Philosophy, Texas A & M University Press, 1987.（田中清和訳『経済学の考え方』『公と私の経済学』多賀出版、一九九一年）

【モーリス・アレ】
Bertrand R. Munier ed., *Markets, Risk and Money: Essays in Honor of Maurice Allais*, Kluwer Academic, 1995.

【ジェラール・ドブリュー】
Theory of Value : an Axiomatic Analysis of Economic Equilibrium, Yale University Press, 1959.（丸山徹訳『価値の理論：経済均衡の公理的分析』東洋経済新報社、一九七七年）
Mathematical Economics: Twenty Papers of Gerard Debreu, Cambridge University Press, 1983.

第三章

（1）金融工学の誕生

Markowitz, H.M.（1959）. *Portfolio Selection: Efficient Diversification of Investments*, John Wiley & Sons.（『ポートフォリオ選択論——効率的な分散投資法』、鈴木雪夫監訳、山一証券投資信託委託株式会社訳、東

洋経済新報社、一九六九年）
Miller, M.H.（1958）. "The Cost of Capital, Corporation Finance and the Theory of Investment", with Franco Modigliani, *American Economic Review*, Vol.48, No.3, June, pp.261-297.
Scholes, M.S.（1973）. "The Pricing of Options and Corporate Liabilities", with Fischer Black, *Journal of Political Economy*, Vol. 81, No. 3, May/June, pp.637-654.

（2）制度の経済学

Coase, R.（1988）. *The Firm, the Market, and the Law*, University of Chicago Press.
（『企業・市場・法』、宮沢健一・後藤晃・藤垣芳文訳、東洋経済新報社、一九九二年）
North, D.C.（1981）. *Structure and Change in Economic History*, Norton.
（『文明史の経済学――財産権・国家・イデオロギー』、中島正人訳、春秋社、一九八九年）
（『経済史の構造と変化』、大野一訳、日経BPクラシックス、二〇一三年）
North, D.C.（1990）. *Institutions, Institutional Change and Economic Performance*, Cambridge University Press.
（『制度・制度変化・経済成果』、竹下公視訳、晃洋書房、一九九四年）
North, D.C.（2005）. *Understanding the Process of Economic Change*, Princeton University Press.
（『ダグラス・ノース制度原論』、瀧澤弘和／中林真幸監訳、東洋経済新報社、二〇一六年）

（3）孤高の人＝セン

Sen, A.（1982）. *Poverty and Famines: An Essay on Entitlement and Deprivation*, Clarendon Press.

(『貧困と飢饉』、黒崎卓・山崎幸治訳、岩波書店、二〇〇〇年)

Sen, A.(1982). *Choice, Welfare, and Measurement*, MIT Press.

(『合理的な愚か者――経済学=倫理学的探究』、大庭健・川本隆史訳、勁草書房、一九八九年)

Sen, A.(1985). *Commodities and Capabilities*, Elsevier Science.

(『福祉の経済学――財と潜在能力』、鈴村興太郎訳、岩波書店、一九八八年)

Sen, A.(1992). *Inequality Reexamined*, Clarendon Press.

(『不平等の再検討――潜在能力と自由』、池本幸生・野上裕生・佐藤仁訳、岩波書店、一九九九年)

Sen, A.(1999). *Development as Freedom*, Alfred A. Knopf.

(『自由と経済開発』、石塚雅彦訳、日本経済新聞社、二〇〇〇年)

(4)ゲーム理論

Nash, J.F.(1950). "Equilibrium Points in N-person Games", Proceedings of the National Academy of Sciences of the United States of America.

Selten, R.(1988). A General Theory of Equilibrium Selection in Games, with John C. Harsanyi, MIT Press.

(5)新古典派経済学の精緻化

Becker, G.S.(1964). *Human Capital: A Theoretical and Empirical Analysis, with Special Reference to Education*, National Bureau of Economic Research, 2nd ed., 1975, 3rd ed., 1993.

(『人的資本――教育を中心とした理論的・経験的分析』、佐野陽子訳、東洋経済新報社、一九七六年)

Becker, G.S.(1981). *A Treatise on the Family*, Harvard University Press, Enl. ed., 1991.

Becker, G.S.（1986）. *An Economic Analysis of the Family,* Economic and Social Research Institute.

Becker, G.S.（1974）. *Essays in the Economics of Crime and Punishment,* co-edited with William M. Landes, Columbia University Press.

Lucas, R.（1972）. "Expectations and the Neutrality of Money", *Journal of Economic Theory* 4: 103-124.

Lucas, R.（1976）. "Econometric Policy Evaluation: A Critique", Carnegie-Rochester Conference Series on Public Policy 1: 19-46.

Mirrlees, J.A.（2006）. *Welfare, Incentives, and Taxation,* Oxford University Press.

Vickery, W.（1994）. *Public Economics,* Cambridge University Press.

（6）ユーロの理論的基礎

Mundell, R.A.（1961）, "A Theory of Optimum Currency Areas", American Economic Review 51: 657-665.

Mundell, R.A.（1963）, "Capital Mobility and Stabilization Policy under Fixed and Flexible Exchange Rates", *Canadian Journal of Economics and Political Science* 29: 475-485.

第四章

（注参照）

あとがき

ノーベル経済学賞の歴史は良くも悪くも現代経済学の歴史である。本書をここまで読み進んできた読者は、現代経済学の理論や実証の分野で大きな業績を積んだ経済学者の多数が栄冠に輝いてきた歴史を知っただろう。

ノーベル経済学賞は、他のノーベル賞と比較して歴史が浅いので、創設当初（一九六〇年代末）は「誰に授ければ良いのか」というよりも「誰から授ければ良いのか」という状況にあった（廣瀬弘毅担当の第一章を参照）。つまり、この頃は、経済学のほとんどの分野に足跡を残したサミュエルソンやヒックスなどの「大物」がたくさんいたので、選考委員会も、毎年誰に授与すればよいのか迷うような、ある意味で幸せな時代だった。

だが、そのような「大物」がいなくなってくると、一九七〇年代のケインジアン対マネタリストの対立に象徴されるように、ノーベル経済学賞は、「どのような立場」の経済学者が受賞するのかに関心が集まるようになる。もちろん、一般均衡理論への貢献のように、高度に数学的だが一般社会への影響という意味では地味な分野での仕事によって受賞した経済学者も引き続き登場するが、一九八〇年代は、激しい経済学上の論争を乗り越えて誰が受賞し、誰が受賞しなかったかという観点から眺めてみると面白い（中村隆之担当の第二章を参照）。この頃から、あまりにも左翼的な経済学者は排除される傾向があることはなんとなくささやかれていたが、受賞者の名簿を見てどのように考えるかは読者にお任せしたい。

一九九〇年代になると、学界におけるケインズ経済学の退潮と新古典派経済学の優位、ゲーム理論の浸透、情報や制度の経済学の台頭などが鮮明になり、ノーベル経済学賞もそのような流れを反映した受賞者が多くなっていった（荒川章義担当の第三章を参照）。もちろん、アジア人として初のノーベル経済学賞の栄冠に輝いたセンのように、社会的選択論から出発しながらも独自の「福祉の経済学」を構想した高名な経済学者もいるが、あまりに専門的に過ぎると、その分野の研究者しか受賞者の仕事を評価できない例も増えていった。

このような傾向は、二〇〇〇年代に入ってさらに加速していく（寺尾建担当の第四章を参照）。その結果、興味深いことに、いまや誰がノーベル経済学賞を受賞するかを予測する市場まで登場するようになっている。最終的に栄冠に輝いた人たちは、もちろん、経済学の各分野で高く評価されている経済学者ばかりだが、受賞者の名前を聞いても専門家以外どんな人だったかすぐには思いつかない場合も少なくない。

だが、私たち経済学の研究者には例えば物理学賞や化学賞などの受賞者の名前とその仕事の意義を専門家に解説されるまではよくわからないのと同じように、経済学賞の受賞者がそうなりつつあるというのは、ごく「ふつう」のノーベル賞に向かいつつあるよい傾向なのかもしれない。ある意味での偏向や、有能なのに選考にもれる例はこれからもときに見られるかもしれないが、それでもノーベル経済学賞は続いていく。そして、今年の受賞者の名前とその学術的貢献を翌日の新聞で専門家に解説してもらうのを待つ――これが本来のノーベル経済学賞の姿かもしれないと今では思っている。

本書は、昨年の秋頃から「ぜひとも来年度のノーベル経済学賞の発表に間に合わせたい」という編集部の強い要望を受けて編まれたものだが、私の教え子や後輩たちに急な執筆を引き受けてもらうという無理な注文を出すのには躊躇《ためら》いもあった。だが、彼らは多忙にもかかわらず快くこの仕事を引き受けてくれた。編者として感謝に堪えない。彼らとは京大大学院という共通の場で学びともに語り合った仲間であり、数十年前を思い出しながら一緒に仕事が出来たことを嬉しく思っている。

二〇一六年七月十一日

根井雅弘

執筆者略歴

根井雅弘（ねい・まさひろ）
1962年生まれ。早稲田大学政治経済学部卒業。京都大学大学院経済学研究科博士課程修了。経済学博士。現在、京都大学大学院教授。専攻は現代経済思想史。主な著書に、『ガルブレイス――異端派経済学者の肖像』（白水社）『経済を読む――ケネーからピケティまで』（日本経済評論社）『物語　現代経済学――多様な経済思想の世界へ』（中公新書）『経済学再入門』『経済学の歴史』（ともに講談社学術文庫）『ケインズとシュンペーター――現代経済学への遺産』（NTT出版）『経済学のことば』（講談社現代新書）など多数ある。

【第1章】
廣瀬弘毅（ひろせ・こうき）
1966年生まれ。京都大学経済学部卒業。同大学院経済学研究科経済政策学博士課程修了。経済学修士。現在、福井県立大学経済学部准教授。

【第2章】
中村隆之（なかむら・たかゆき）
1973年生まれ。京都大学経済学部卒業。同大学院経済学研究科経済動態分析専攻博士課程修了。経済学博士。現在、青山学院大学経済学部教授。著書に『ハロッドの思想と動態経済学』（日本評論社）。

【第3章】
荒川章義（あらかわ・あきよし）
1967年生まれ。京都大学経済学部卒業。同大学院経済学研究科理論経済学・経済史学博士課程修了。経済学博士。現在、立教大学経済学部教授。著書に『思想史の中の近代経済学』（中公新書）。

【第4章】
寺尾建（てらお・たける）
1968年生まれ。京都大学経済学部卒業。同大学院経済学研究科理論経済学・経済史学博士課程修了。経済学博士。現在、甲南大学経済学部教授。

ノーベル経済学賞《けいざいがくしょう》

天才《てんさい》たちから専門家《せんもんか》たちへ

二〇一六年一〇月一一日第一刷発行

編著　根井雅弘《ねいまさひろ》

発行者　鈴木　哲

発行所　株式会社　講談社

東京都文京区音羽二丁目一二—二一　〒一一二—八〇〇一

電話（編集）〇三—三九四五—四九六三

（販売）〇三—五三九五—四四一五

（業務）〇三—五三九五—三六一五

装幀者　奥定泰之

本文データ制作　講談社デジタル製作

本文印刷　慶昌堂印刷株式会社

カバー・表紙印刷　半七写真印刷工業株式会社

製本所　大口製本印刷株式会社

ISBN978-4-06-258639-9　Printed in Japan

N.D.C.332　260p　19cm

講談社選書メチエ　刊行の辞

書物からまったく離れて生きるのはむずかしいことです。百年ばかり昔、アンドレ・ジッドは自分にむかって「すべての書物を捨てるべし」と命じながら、パリからアフリカへ旅立ちました。旅の荷は軽くなかったようです。ひそかに書物をたずさえていたからでした。ジッドのように意地を張らず、書物とともに世界を旅して、いらなくなったら捨てていけばいいのではないでしょうか。

現代は、星の数ほどにも本の書き手が見あたります。読み手と書き手がこれほど近づきあっている時代はありません。きのうの読者が、一夜あければ著者となって、あらたな読者にめぐりあう。その読者のなかから、またあらたな著者が生まれるのです。この循環の過程で読書の質も変わっていきます。人は書き手になることで熟練の読み手になるものです。

選書メチエはこのような時代にふさわしい書物の刊行をめざしています。

フランス語でメチエは、経験によって身につく技術のことをいいます。道具を駆使しておこなう仕事のことでもあります。また、生活と直接に結びついた専門的な技能を指すこともあります。

いま地球の環境はますます複雑な変化を見せ、予測困難な状況が刻々あらわれています。

そのなかで、読者それぞれの「メチエ」を活かす一助として、本選書が役立つことを願っています。

一九九四年二月　　野間佐和子

講談社選書メチエ　哲学・思想Ⅰ

MÉTIER

ヘーゲル『精神現象学』入門　長谷川 宏
カント『純粋理性批判』入門　黒崎政男
知の教科書 カルチュラル・スタディーズ　吉見俊哉編
知の教科書 フーコー　桜井哲夫
知の教科書 ウォーラーステイン　川北 稔編
知の教科書 ニーチェ　清水真木
知の教科書 ソシュール　加賀野井秀一
知の教科書 スピノザ　C・ジャレット 石垣憲一訳
知の教科書 ライプニッツ　F・パーキンズ 梅原宏司／川口典成訳
知の教科書 プラトン　M・エルラー 三嶋輝夫ほか訳
ドゥルーズ 流動の哲学　宇野邦一
フッサール 起源への哲学　斎藤慶典
トクヴィル 平等と不平等の理論家　宇野重規
完全解読 ヘーゲル『精神現象学』　竹田青嗣 西 研
完全解読 カント『純粋理性批判』　竹田青嗣
完全解読 カント『実践理性批判』　竹田青嗣
完全解読 フッサール『現象学の理念』　竹田青嗣

トマス・アクィナス『神学大全』　稲垣良典
本居宣長『古事記伝』を読むⅠ～Ⅳ　神野志隆光
西洋哲学史Ⅰ～Ⅳ　神崎 繁／熊野純彦／鈴木 泉責任編集
分析哲学入門　八木沢 敬
意味・真理・存在 分析哲学入門・中級編　八木沢 敬
神から可能世界へ 分析哲学入門・上級編　八木沢 敬
ソシュール超入門　P・ブーイサック 鷲尾 翠訳
ベルクソン＝時間と空間の哲学　中村 昇